大家
讲述

茅盾 著　舒童 编

我们的美丽神话与童话

上海三联书店

图书在版编目（CIP）数据

我们的美丽神话与童话 / 茅盾著；舒童编 . —上海：上海三联书店，2020.9

（大家讲述）

ISBN 978-7-5426-7086-1

Ⅰ . ①我… Ⅱ . ①茅… ②舒… Ⅲ . ①神话—研究

Ⅳ . ① B932

中国版本图书馆 CIP 数据核字（2020）第 107780 号

我们的美丽神话与童话

著　　者／茅　盾

编　　者／舒　童

责任编辑／程　力

特约编辑／蔡时真

装帧设计／鹏飞艺术　周　丹

监　　制／姚　军

出版发行／上海三联书店

　　　　　（200030）中国上海市漕溪北路 331 号 A 座 6 楼

印　　刷／三河市中晟雅豪印务有限公司

版　　次／2020 年 9 月第 1 版

印　　次／2020 年 9 月第 1 次印刷

开　　本／640×960　　1/16

字　　数／80 千字

印　　张／12.5

ISBN 978-7-5426-7086-1/B・687

定　价：36.80元

前言

  茅盾从事神话研究，始于 1925 年在《小说月报》发表的《中国神话研究》，这是他首次尝试运用欧洲人类学派的神话理论来解决中国神话的问题。1928 年，茅盾流亡东京，在此期间写下神话专著《中国神话研究 ABC》。他称"这本书是企图在中国神话领域内作一次大胆的探险"，"此编之作，处处用人类学的神话解释法以权衡中国古籍里的神话材料"；并自称这部书稿具有"开荒"的性质。

  1929 年，茅盾出版《神话杂论》《北欧神话 ABC》。有研究者认为，茅盾的神话著述大体可以分为三个方面：一是对人类学派神话理论的评述，二是对希腊、罗马、北欧、印度、古埃及诸国神话的介绍，三是对中国古代神话的探讨。

  茅盾的这些神话研究，在今天看来，一些理论和观点可能有落后的地方。但是，他当年研究神话的目的在于取精用宏，在于借鉴求真。他在回忆录中回顾自己的神话研究时这样说道："在当时，大家有这样的想法：既要借鉴于西洋，就必须穷本溯源，不能尝一脔而辄止。我从前治中国文学，就曾穷本溯源一番过来，现在既把线装书束之高阁了，转而借鉴于欧洲，自当从希腊、罗马开始，横贯十九世纪，直到'世纪末'。那时，二十世纪才过了二十年，欧洲最新的文艺思潮还传不到中国，因而也给我一个机会对十九世纪以前的欧洲文学作一番系统的研究。这就是我当时从事于希腊神话、北欧神话之研究的原因，从事于古希腊、罗马文学之研究、从事于骑士文学的研究、从事于文艺复兴时代文艺之研究的原因。我认为如此才能取精用宏，吸取他人的精萃化为自己的血肉；这样才能创造划时代的新文学。我的同时代人，大都是有这样的抱负，从而也有这样的修养的，虽然深浅不同。"

本书同时精选了茅盾先生在商务印书馆工作时期创作的童话故事二十则，"从一九一七年下半年起，我陆续编写了《大槐国》《狮骡访猪》《书呆子》等二十七篇童话，分编为十七册，收入商务印书馆出版的《童话第一集》中"。茅盾正是从编写这些童话开始步入文坛的。茅盾的儿童文学作品，是他创作中最富有教育意义的部分，这些经典作品所反映的年代虽然已经过去，但是思想依然鲜艳，它对今天的我们如何做一个正直的人，仍富有启迪意义。

编者
2020 年 1 月

目录

第一辑：文明民族的美丽神话

1925 年春，茅盾和孔德沚在上海留影

神话的产生

　　我们的老祖宗在打鱼打猎住在山洞过活的时候，是每天忙着一张嘴的吃食的。他每天"劳动"的所得，只够养活他自己，并且又得天天去"劳动"一下。在这个时候，他没有工夫用脑筋，也没有工夫寻快乐。然而在他脑子里却也有些问题。自然他也有些疑团：他看见太阳出来又下去了，明天又是出来；他听得空中会发巨声，还有火光；他又看见果子生在树上，年年一样。这些自然现象，很使他的幼稚的头脑觉得诧异，但是因为他太忙，并且这些自然现象和他的每天生活又不发生关系，所以他到底随随便便滑过去了。

　　后来知道新花样的农业了。于是一个人的劳动的结果可以养活几个人，并且劳动的时间也只要一年的一半就行了。这使得我们的老祖宗可以空手舒服一下，然而他的脑筋却不得不忙了。他一定要留心自然界的现象，防他的农作物收成不好。刮风下雨，都得使他的眉头皱一皱。他不得不运用他的不熟练的头脑，替那些风雷雨雪胡诌出一些故事来，作为他的观察自然界的心得，并且教育他的后辈，使他们知道农作和天时的必要关系。

这些"故事"，在当时是实用的"科学"；渐渐地又成为原始的宗教；最后，由一代一代的人们增饰上许多想象和情绪，便形成了"神话"。

《西洋文学通论》

神话的发生

神话是什么？这不是一句话就可以说得清楚明白的。如果我们定要一个简单的定义，则我们可说：神话是一种流行于上古时代的民间故事，所叙述的是超乎人类能力以上的神们的行事，虽然荒唐无稽，可是古代人民互相传述，却确信以为是真的。

神话是怎样发生的呢？这也有多种的说法。已死的解释，我们不必去提及，单讲还活着的解释；安德鲁·兰（Andrew Lang）以为神话是原始人民信仰及生活的反映。他说原人的思想有可举之特点六：（1）为万物皆有生命思想情绪，与人类一般；（2）为呼风唤雨和变形的魔术的迷信；（3）为相信死后灵魂有知，与生前无二；（4）为相信鬼可附于有生的或无生的各物，而灵魂常可脱离躯壳而变为鸟或他兽以行其事；（5）为相信人类本可不死，所以死者乃是受了仇人的暗算（此思想大概只有少数原始民族始有之）；（6）为好奇心。原人见自然界现象以及生死梦睡等事都觉得奇怪，渴要求一个解释，而他们的智识不足以得合理的解释，则根据他们的蒙昧思想——就是上述的六种——造一个故事来解释，以自满足其好奇心（详见兰所著《神话、仪式与宗教》，48—52页）。麦肯齐（D.A.Mackenzie）也说：神话是信仰的产物，而信仰又为经验的产物。他们又是自然现象之绘画的记录。人类的经验并不是各处一律的，他们所见的世界的形状以及气候，也不是一律的。有些民族，是在农业生活的基础上得进于文明的，于是他们的信仰遂受了农业上经验的影响，而他们的神话亦呈现农业的特色。在历法尚未发明以前，农人从祖宗手里接下耕种的方法，递相传授，不是说"春耕"和"秋收"，或是说十二月下种则成无用；他们却是把耕种的方法造成了神话，数世以来，都是依据神话以从事农作。印度人于一年中要受到几个月的酷热与干旱，他们以为这是因为旱魃把肥田的水都藏在山谷里了。直到世界将要旱死的时候，然后因陀罗（雷神）来帮忙了，他挥动他的雷锤，将旱魃打死，放出那些被旱魃藏过的水来。经过了这次雷战，雨就畅下，于是枯草复活，五谷丰登了。在巴比伦，那妖怪是水妖地阿麦，他跑入幼发拉底河，使水泛滥。后来地阿麦被墨洛达西所杀，使世界仍复旧观，农民方可下种。在埃及，是尊神拉把害人的妖怪除了，收回尼罗河里泛滥的水，于是农民下种，谷物丰收了。印度、巴比伦、埃及，或有旱季，或有潦季，所以就发生了上述的神话，那些风调雨顺的地方，就没有这些神话。山乡的民族，恃牧畜以为生，完全不知道耕种这一件事的，也没有这种神话。（详见麦肯齐所著《克里特

神话与古希腊以前的欧洲神话·导言》)

　　故据上述兰氏与麦肯齐氏之说，我们知道各民族在原始期的思想信仰大致相同，所以他们的神话都有相同处（例如关于天地开辟的神话、日月以及变形的神话等等），但又以民族因环境不同而各自有其不同的生活经验，所以他们的神话又复同中有异（例如上节所述，印度有旱魃的神话而埃及与巴比伦有水怪的神话）。观于一民族所处的环境以及他们有过的生活经验，我们可以猜到他们的神话的主要面目。

《中国神话研究》

神话是生活和思想的产物

　　各民族的神话是各民族在上古时代（或原始时代）的生活和思想的产物。神话所述者，是"神们的行事"，但是这些"神们"不是凭空跳出来的，而是原始人民的生活状况和心理状况之必然的产物。原始人民的心理，有可举之特点六：一为相信万物皆有生命、思想、情绪，与人类一般；此即所谓泛灵论（Animism）。二为魔术的迷信，以为人可变兽，兽亦可变为人，而风雨雷电晦冥亦可用魔术以招致。三为相信人死后魂离躯壳，仍有知觉，且存在于别一世界（幽冥世界），衣食作息，与生前无异。四为相信鬼可附丽于有生或无生的物类，灵魂亦常能脱离躯壳，变为鸟或兽而自行其是。五为相信人类本可不死，所以死者乃是受了仇人的暗算（此惟少数原始民族则然）。六为好奇心非常强烈，见了自然现象（风雷雨雪等等）以及生死睡梦等事都觉得奇怪，渴求其解答。原始人本此蒙昧思想，加以强烈的好奇心，务要探索宇宙间万物的秘奥，结果则为创造种种荒诞的故事以代合理的解释，同时并深信其真确：此即今日我们所见的神话。

现代的文明民族和野蛮民族一样地有它们各自的神话。野蛮民族的神话尚为原始的形式，文明民族的神话则已颇美丽，成为文学的泉源。这并不是文明民族的神话自始即如此美丽，乃是该民族渐进文明后经过无数诗人的修改藻饰，乃始有今日的形式。这些古代诗人的努力，一方面固使朴陋的原始形式的神话变为诡丽多姿，一方面却也使得神话历史化或哲学化，甚至脱离了神话的范畴而成为古代史与哲学的一部分。这在神话的发挥光大和保存上，不能不说是"厄运"。中国神话就是受了此"厄运"而至于散亡，仅存断片了。

《中国神话研究 ABC》

创造神话的心理

创造神话的人们的心理状况是有下述的六点：

一、原始人或现代野蛮民族把人、物的界限没有分清；他们看来，天空的日月星辰、动植物、土石，都是和他们自己一样是活的，有感情的，知道喜怒哀乐，有脾气的。所以他们把土石说成有性别，把日月星说成和他们自己一样能想能说知道恋爱。

二、信魔术，信变形，是原始人或现代野蛮民族的第二个心理状况。他们相信自己会受魔法的咒诅而死，当然也以为和他们同样的日月星辰山水草木也要受魔术的驱使。他们相信变形是实在有的事，当然要说成人变为了天上列宿或动植物，而天上列宿和动植物也能变成人了。

三、是对于灵魂不灭的确信。人和与人同样的自然界的一切东西，都是灵魂不灭的。死后的灵魂并非一定转附于别的无生物或生物上，却是有另一世界让他们去住。这世界或被说成美丽，或被说成可怕；生人也可以去，但是若吃了那世界的东西，可就不能回来了。

四、死后的鬼是万物都有的，但生人则别有其精灵。人未死时，这精灵可以离开了它的房屋的肉体而附着于别的东西上。精灵能够变成鸟或别的东西，离开了肉体出去做它自己的事。

五、他们又信生物本可不死，所以死，乃因受了魔法的暗算或别的损害之故。因此他们有种种死的神话。

六、最后，原始人和野蛮民族还有一个重要的心理状况，就是好奇心的强烈。或许要比现代人更强烈些。但是他们的好奇心又伴着了更强的轻信心。所以他们看见宇宙间一切奇怪的事都要问一个"为什么"。可是有人给他一个极简陋的解释，他们也就轻信了。他们的智慧是热烈地发问题，但是他们的智慧也是很懒惰的，得到了第一个回答就满足了好奇心。

这六点，原始人和野蛮人的心理状况，便在所有神话内存在着；所有的神话都从这些心理状况出发。

《自然界的神话》

史诗的诞生

　　神话是原始人对于自然现象的解释，自然界的日月星辰风霜雨雪都成为神，能够祸福人类，因而人们亦不能不对于神发生畏惧崇拜；这就成了原始的宗教。

　　和这些神话差不多同时发生，而性质却各异的，又有"传说"。"传说"也常被混称为神话，而其实并非一物。"传说"所叙述者，为一民族的古代英雄所行的事。"传说"内的民族英雄虽然未必真有其人，而且他的"超人"的性格亦颇近于"神"，可是并非"自然现象"的主宰，而只是"人"的"神化"。这些民族英雄往往被说成为一民族的古代的帝皇及其辅弼。所以"传说"的性质颇像史传。

　　现在我们来看一看那些"传说"又是怎样发生的。

　　初民社会内最大的事情是战争。那时候又常常有战争。本来雏形国家的农业社会内，"老人"是最有权力的，一部落的酋长，大抵是老家伙。但在战争时，尤其是战争延长到几年的时候，这个被侵掠的农业社会就不得不举出一位年富力强不老的人来统率一部落的战士。战争是需要有组织的行动，因而这散漫的农业社会的各分子又渐渐纳入了更有组织的模型。这两件事：统治权渐渐离开老人的掌握，和社会组织渐渐精密，就把一个农业部落推进到更完备的国家的轨道。而所有在那时战争中的将帅们的英勇的故事，亦就经过了无数次的转辗传述而成为我们现在所见的"传说"，成为该民族建国的"史传"了。

这些战争往往会延长到几年。战争的状态，照例是不很剧烈的。战士们很有时间举行惯例的宗教祭仪。在这些"祭典"中，统帅们的英勇要被演述出来，昭告神明。随军有一些盲诗人，就担任了这项工作。这些无名的诗人也许要离开军队，回到他的后方的故乡。他可没有带盘费。自然他就靠"唱诗"来换取一路上的食宿了。他是从战地来的，他一定得唱些"战场的新闻"。那时没有报纸，所以盲诗人的"弦歌"很受欢迎；他被要求着多唱些，再多唱些。于是这位无名诗人不得不在还有几分真实的"消息"以外，再"发明"出若干可惊可愕的事故来了。他又从"神话"中挪用了许多材料，说"神们"怎样帮助他们自己这一方面。如果他的敌人确也很会打仗，那么这位无名的诗人又要硬派敌人们也有些"神"在那里帮忙，不过，终于敌人和敌人的神是打败了。

这样由无名的诗人随口编造的民族英雄的"弦歌"，因为是一种"新闻"，便很快地传布开来，有更多的无名诗人加以增饰和减削，直到成为一大群的同一主题却是各式各样说法的歌曲。后来战事完了，民族英雄们凯旋了，更具形的国家也在此时慢慢地成型了，这些叙述过去的战争的弦歌便成为一种史实，仍旧在民间口头流传，一代一代下去，更多些修饰，更多些无中生有的"杜撰"。

到这时候，我们现在所有的"史诗"中的主要材料全都具备了，不过是非常繁杂，而且多重复。

希腊的史诗，《伊利亚特》和《奥德赛》，就是这样来的。

《西洋文学通论》

神话是文学的源泉

今世各民族，无论是已进于文明的，或尚在原始状态的，都有他自己的神话和传说。凡一民族的原始时代的生活状况、宇宙观、伦理思想、宗教思想，以及最早的历史，都混合地离奇地表现在这个民族的神话和传说里。原始人民并没有今日文明人的理解力和分析力，兼且没有够用的发表思想的工具，但是从他们的浓厚的好奇心出发而来的想象力却是很丰富的；他们以自己的生活状况、宇宙观、伦理思想、宗教思想，等等，作为骨架，而以丰富的想象为衣，就创造了他们的神话和传说。故就文学的立点而言，神话实在即是原始人民的文学。迨及渐进于文明，一民族的神话即成为一民族的文学的源泉：此在世界各文明民族，大抵皆然，并没有例外。

在我们中华古国，神话也曾为文学的源泉，从几个天才的手里发展成了新形式的纯文艺作品，而为后人所楷式；这便是数千年来艳称的《楚辞》了。

中国古代的纯文学作品，一是《诗经》，一是《楚辞》。论著作的年代，《诗经》在前，《楚辞》较后（虽然《楚辞》中如《九歌》之类，其创造时代当亦甚古）；论其性质，则《诗经》可说是中国北部的民间诗歌的总集，而《楚辞》则为中国南方文学的总集。我们应承认，当周秦之交，中国北部人民的思想习惯还是和南中国人民的思想与习惯，迥不相同。在学术方面，既已把北中国与南中国的不同面目充分地表现出来，在文学方面当亦若是。故以《诗经》代表中国古代的北方文学，以《楚辞》代表中国古代的南方文学，不是没有理由的。但因历来文人都中了"尊孔"的毒，以《诗经》乃孔子所删定，特别地看重它，认为文学的始祖，硬派一切时代较后的文学作品都是"出于诗"，所以把源流各别的《楚辞》也算是受了《诗经》的影响；刘彦和说"楚之骚文，矩式周人"（《文心雕龙·通变》），顾炎武说"三百篇之不能不降而《楚辞》"（《日知录》），都是代表此种《诗经》一尊的观念。把《楚辞》和《诗经》混牵在一处，仅以时代先后断定他们的"血统关系"，结果必致抹煞了《楚辞》的真面目。我们承认《楚辞》不是凭空生出来的，自有它的来源；但是其来源却非北方文学的《诗经》，而是中国的神话。我们认清了这一点，然后不至于将《九歌》解释为屈原思君之词与自况之作，然后不至于将《天问》解释为愤懑错乱之言了。

何以中国神话独成为中国南方文学的源泉呢？依我看来，可有两种解释：一是北中国并没产生伟大美丽的神话；二是北方人

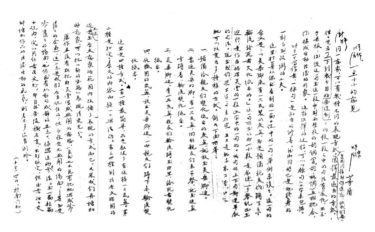

"一点小小的意见"手迹，1940 年 10 月写于延安

太过"崇实"，对于神话不感浓厚的兴味，故一入历史时期，原始信仰失坠以后，神话亦即消歇，而性质迥异的南方人，则保存古来的神话，直至战国而成为文学的源泉。只看现在我们所有的包含神话材料最丰富的古籍，都是南方人的著作，便可恍然。

《〈楚辞〉与中国神话》

神话、传说、寓言

　　何谓神话？这个问题，不是一句话就能说清楚的。我们要晓得，凡荒诞无稽，没有作者主名的流行故事，不尽是神话；凡叙述原始人类迷信鬼神的故事，也不一定是神话，我们所谓神话，乃指：

　　一种流行于上古民间的故事，所叙述者，是超乎人类能力以上的神们的行事，虽然荒唐无稽，但是古代人民互相传述，却信以为真。

　　这个定义，说简不简，说详不详，当然不能算是很好的定义。但是目下我们只能如此定下。如果我们要求更明了确切的解释，那就不是一个简单的定义所能包括，我们须得把神话与传说和寓言之区别分头疏解一下了。

　　传说（Legend）也常被混称为神话。实则神话自神话，传说自传说，二者绝非一物。神话所叙述者是神或半神的超人所行之事；传说所叙述者，则为一民族的古代英雄（往往即为此一民族的祖先或

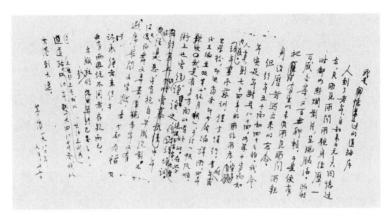

《回忆录》序言手迹

最古的帝王）所行的事。原始人对于自然现象如风雷昼暝之类，
又惊异，又畏惧，以为冥冥之中必有人（神）为之主宰，于是就
造作一段故事（神话）以为解释；所以其性质颇像宗教记载。但
传说则不然。传说内的民族英雄，自然也是编造出来的，同神话
里的神一样，可是在原始人的眼中，这些英雄是他们的祖宗，或
开国帝皇，而不是主宰自然现象的神。所以传说的性质颇像史传。
这便是神话与传说的区别。然因二者同是记载超乎人类能力的奇
迹的，而又同被原始人认为实有其事的，故通常也把传说并入神

话里，混称神话。

至于神话和寓言的区别却更显而易见。上面说过，神话是没有作者主名的，而且被原始人——就是创造并传述这些故事的人，认为真有其事的；寓言则正相反：寓言有作者的名字；而且明言其中的人物和事情都是假托的。神话并不含有道德的教训的目的，寓言却以劝诫教训为主要目的。神话不是某某个人著作的，寓言大都出于著作家之理想。神话所叙述者，大都为天地如何开辟，万物如何来源，寓言却叙述一民族历史上的任何时期。伊索的寓言（虽然伊索这个人是否真有，现在还是一个问题），以纪元前六世纪后半期的希腊社会为背景；费德鲁斯（Phaedrus）和虎拉司（Horace）的寓言以罗马帝的奥古斯丁（Augustan）时代的人生为背景；拉封丹（La Fontaine）的寓言以十七世纪的法国社会为背景：这都是显明的例。并且无论谁读了这些寓言作家的作品，都知道他们是为了教训讽谏而作的。所以寓言和神话是决不会混淆的。

《神话的意义与类别》

寓言化的神话

中国古代的文学家，除了《诗经》里的无名诗人，大都是政论家、哲学家；政论家引神话是把神话当作古代历史而引用的，哲学家引神话是把神话当作寓言，引来发明己意的。神话——尤其是文明民族的神话，确有类似寓言之处，但神话究与寓言不同，神话是原始信仰与原始生活之混合的表现，不主于讽刺教训，寓言却是以讽刺教训为宗旨的；神话的故事不一定是比喻，寓言则大都为比喻。神话与寓言在性质上既如此不同，所以哲学家把神话当作寓言来引用时，一定是任意改变了神话的内容的；庄子著书，自称寓言八九，我们现在看他的书里引黄帝，引北海若，引冯夷，都是神话中人物，然而他们的故事很少神话气味，反倒哲理玄妙：这就是一例。秦汉以前的文学家只有屈原宋玉一般人还喜欢引用神话，并且没有多大改动，所以我们若要在历史化的神话以外，找求别的神话材料，惟《楚

《锻炼》手稿

辞》是时代最古的重要材料，此外惟有求之于两汉魏晋的书了。

这些神话，包括日月风雨等自然现象的神话、幽冥世界的神话、事物来源的神话等等。

《中国神话研究》

解释的神话与唯美的神话

　　神话学家依据神话所以成立的原因，把神话分为二类：一是解释的神话（Explanatory Myths）；又一是唯美的神话（Esthetic Myths）。

　　解释的神话出于原始人对于自然现象之惊异。原始人看见自然界的种种现象，如日月之运行、风霜雨雪之有时而降，以及动物之生死等等，都觉得很诧异。世界从哪里来的？万物从哪里来的？第一个人是怎样生出来的？一切动物是怎样来的？火是怎样来的？死是为何？人死后怎样？这些问题，都是原始人所最惊异而切求解答的。我们现在自然有科学来回答这些问题，但是原始人没有科学，却只能创造出一个故事来解释宇宙间的神秘和万物的历史。在他们——原始人看来，月亮不是一个已死的星球，乃是那美丽的女猎人阿尔忒弥斯（Artemis）在太空巡游；云不是水蒸气，乃是赫尔墨斯（Hermes，夏风之神）所牧的一群母牛，或是柏勒罗丰（Bellerophon，日神）所杀的一群长毛的绵羊。上古的希腊人相信火是巨人提坦（Titans）族的儿子普罗米修斯（Prometheus）从天上偷来给下界的人类的；人类是普罗米修斯用粘土捏成的，北欧神话说天父奥定（Odin）用木片造成了人。纽西兰神话说铁吉（Tiki）用红泥渗和自己的血造成了人。中国古书里说："俗说天地初开辟，未有人民；女娲抟黄土为人；剧务，力不暇给，乃引绳絙泥中，举以为人。故富贵贤知者，黄土人也；贫贱凡庸者，引絙人也。"（《太平御览》七十八，引《风俗通》）凡此关于日、月、云种种自然现象的神话，关于火的来源，人类的来源等等神话，都是原始人为要解说自然界的神秘和万物的来历而作的；所以我们称之曰：解释的神话。

唯美的神话则起源于人人皆有的求娱乐的心理，为挽救实际生活的单调枯燥而作的。这些神话所叙述的故事多半不能真有，然而全很奇诡有趣。这些神话所描写的人物及其行事，和我们的日常经验都隔得很远；但是他们却那样地入情入理，使闻者不禁忽笑忽啼，万分动情；他们所含的情感又是那样地普遍、真挚、丰富，以至不论何处的人，不论男女老幼，听了都很愉快，很感动。总而言之，唯美的神话先将我们带开尘嚣倥偬的世界，然后展示一个幻境；在这幻境里，人物之存在，只有一个目的，就是娱乐我们，而他们之所以能给予愉快，就靠了他们的"美"。

唯美的神话又可依其题材之不同而分为"历史的"与"传奇的"二类。

如果是历史的（historical），那一定是把一件历史事实作为底本或骨架，然后披上了想象的衣服，吹入了热烈的情绪。这些神话大都悲壮雄奇哀艳，可以使人歌哭，可以激发人的志气；这些神话里的神或民族英雄大都是努力和冥冥中不可抗的力——运命，相争斗，而终于受运命的支配而不能自脱，故又常常使人低徊咏叹，悠然深思。希腊诗人荷马（Homer）的《伊利亚特》（Iliad）便是此类"历史的"神话的最好代表。

传奇的（romantic）神话则和历史的神话相反。如果说历史的神话是把一桩史事作骨架，那么，传奇的神话便是拿一个"人物"作为骨架的。这个人物大概是真的，有根据的；不过此人物所做的一切事却大半是子虚乌有，乃是作者凭空创造出来的。这种神话大都诙谐、奇诡、美妙，引人幻想，使人愉快。这些神话里的英雄常常能克胜艰难，化险为夷；是战胜运命而非为运命支配的。荷马的《奥德赛》（Odyssey）就是一个最好的例。

历史的神话近乎戏曲中的悲剧，传奇的神话便近乎喜剧。

《神话的意义与类别》

合理的与不合理的神话

　　各民族——文明的和野蛮的——神话内，总混合着两种相反的质素：合理的（reasonable）和不合理的（unreasonable）。譬如希腊神话里说宙斯高踞奥林匹斯山颠的神府中，有极大的权力，是众神之王，世间万事，都瞒不了他；掌万物生杀之权，作恶者要受到他的惩罚，为善者会受到他的福佑：这便是合理的。但是希腊神话里又说宙斯变化为雄羊以诱奸卡莱斯（稼穑女神）；又说他变化为鹅去诱惑夜之女神勒达（Leda），因而生了两个孩子；又说他也爱人类的女儿，他曾变化为白水牛抢了腓尼基王阿其拿的女儿欧罗巴来，逼为外妇；他又化为金雨和幽居铜塔中的亚古斯王的女儿达那厄（Dane）私通；他是众神之王，威权无上，但是极怕老婆，以至不能保护他的情人卡刹斯托、伊俄（Io）等，这些便都是不合理的神话了。

　　我们再看印度的神话，也同样地混合着合理的与不合理的元素。例如说雷神音达拉是胜利之神，威力极大，又是财富之神，常常济贫扶弱：这是合理的。因为我们觉得雷神应该是一个有威力而且正直的神。但是印度神话又说，同是这个音达拉会喝醉了酒调戏民间妇女，会投生牛胎，会变成雄羊与鹑，受尽肉体的痛苦：这便叫我们难以索解，觉得是不合理的了。

中国的神话，比较地要算合理的元素最多了，但是不合理的元素仍旧存在着。就拿女娲来作例。说女娲是炼五色石来补天的，是创造人类的，是发明笙的，都很合理；可是又说女娲乃女首蛇身，便很不类不伦，是不合理的。因为女娲既能补天，造人，发明笙簧，可知是一位具有极大权力的神，若说她是三头六臂，倒还近情，但是说她"女首蛇身"，岂非极不合理？

又如现代的未开化民族，如南美的、非洲的、澳洲的部落，都有关于火的来源、弓箭的发明，以及其他的简单的生活技术之所以发明的神话。当他们说这些事是什么神或民族英雄做的，我们觉得很合理；但是他们又说发明火或婚姻的是一只野兔或一只乌鸦、一只狗、一头熊，或是一个蜘蛛，那么，我们就不免诧异——这就是不合理的神话了。

总而言之，各民族的神话里都有合理的与不合理的元素混合并存，乃是确定的事实。为什么神话内既有了美妙伟大的思想，又有那些没意思的野蛮的思想呢？这是一个耐人解释的问题。或以为没意思的野蛮的思想乃是各民族神话的本来面目。而美妙伟大的思想却是后人加进去的；照这个意见，一切神话原来是鄙陋浅薄野蛮的——因为创造神话的时代本来说不到已有文化，但是后来文化渐启，口述的神话被文人采入弦歌戏曲，就经过了多量的修改，淘汰了那些惹厌的质素，加入了美丽高贵的思想，乃成为现在的形式。所以不合理的元素乃神话的本相，合理的反是伪作。这一说，表面上虽似可通，实则不能成立。因为我们固可假定现代文明民族的神话是经过修改的，然而不能说现代野蛮民族的神话也已经过文人修改；可是现代野蛮民族的神话内却已有不少合理的质素了。即此可知神话是自始就包含着合理的和不合理的质素的。所以我们须得另找解释。

《神话的意义与类别》

希腊神话与北欧神话

现在所有欧洲神话的两大支是希腊神话和北欧神话。比较这两大系的神话当然也是切要的工作，但我们的篇幅不多，只能约略说几句了。希腊的神们都聚居于奥林匹斯山（Mount Olympus）的顶巅，有十二位神做神王宙斯（Zeus）的大臣。北欧的神们则聚居于阿斯加尔德（Asgard），神王奥丁（Odin）也有十二位大臣。宙斯和"地母"的女神赛丽斯（Ceres，农艺的女神）有恋爱，奥丁也曾向地的女神林达（Rinda）求过爱。希腊的太阳神是驾了车子巡行天空的，北欧的亦复有车子，不道那位神却是女性。希腊有姊妹三个的运命女神，在织生命之线，北欧的三位也做同样的工作。希腊有洪水的神话，在北欧的相等者就是 Ragnarok（魔劫）；两者都是说明了何以现在的人间要比辽远辽远的最古代为比较地不幸福。

以上不过是举例。如要详细地叙说希腊神话和北欧神话的相似点，很可以写成一厚册。为什么会相似呢？无非因为这两种神话都是原始的农业社会里的产物，自然现象对于原始的希腊人和北欧人的作用是一样的，所以编造出来的故事（神话）亦复面目相同。可是希腊半岛究竟是温暖的地方，没有冰天雪地的北欧那样苦寒，于是这两支极相类似的神话中间便又有许多绝不相似的成分了。在希腊，永远与神们为敌的，是巨人族提坦（Titans），这是"地下火"的象征；在北欧，却是冰巨人伊密尔（Ymir）和他的后代霜巨人成为神的死敌。希腊神话以为地的四周环绕着大河奥西诺司（Oceanus），这是平静而无边垠的；北欧则谓地的四周是海，而大蛇蟠伏在最深处，自啮其尾，常翻腾以起波浪。这也是因为希腊人所见的海，是晴明平静的，不是北欧那样的常常是惊涛骇浪。

这些相反的故事便说明了南北欧的自然环境之不同，能够怎样影响到"诗人"的想象。

然而希腊神话和北欧神话还有根本精神的不相同。希腊的神们都是永生的，万劫不坏的；他们是神，永远在奥林匹斯山顶上快活，永远干他们中间的恋爱和嫉妒。并且自从平服了提坦巨人族，建立了奥林匹斯的天国以后，神们就永远安居享福，没有危害再跑到他们身上。当然这就代表着希腊民族的享乐的人生观。北欧人可就不同。他们的人生观，是严肃的，悲剧的；他们想来，即使是神，也不免要受到危难和不可避免的结局。因此北欧的神们长日在和"恶的势力"争斗；冰巨人伊密尔虽死，可是还有霜巨人，地狱中的恶狼时常想逃出来一口吞了太阳和月亮，毒龙尼特霍格（Nidhug）天天在那里啃啮生命树的根。于是到了那一天，神的劫难果然来了。天狼赶上了太阳和月亮，一口吞下去了；毒龙尼特霍格已经啮断生命树的根；蟠绕着地的大蛇猛激起最可怕的波浪；于是天宫的守望神海姆达尔乃吹报警之角。神与魔的最后决战开始了。在魔的一边，有死神赫尔（Hel）、恶神陆克（Loki）、火焰巨人苏尔体尔（Surtr）、一切霜巨人、天狼、地狱的狞狗，等等。结果，神打败，都死了。但是苏尔体尔的魔火烧毁了天空、陆地和幽冥九界，因而一切恶神也都烧死了。天地复又毁灭。然而又经过了无数年，日神叔尔（Sol）的女儿继母志再驱日车行空中，地上渐有生意，于是又传第二代人类，神亦由第二代重整天宫。

所以北欧神话是一篇悲剧的结构。神们战胜了恶势力，达到了权力的顶点，然后神又没落。然后又有第二代神起来代表着"善"之复兴。严肃的忧郁的北欧人就有这个善恶循环的观念，和快乐的希腊人不同。这种南北欧人的气分差异，直到后来的文学内也还是分明地存在着。

《西洋文学通论》

希腊神话与北欧神话的宇宙观

北欧人的宇宙观，也和希腊人的相同，以为此世界乃陆地居中，而瀛海四面环之。但是北海的凶恶的风涛，又使得北欧人想象那海底下该有一条大蛇所谓密特茹尔特蛇（Midgard）；也像海水绕地一般，这大蛇蟠绕大地，自啮其尾；而海中的风浪就是这苦闷的密特茹尔特掀弄起来的。希腊人则常见晴明可爱的海，自然不需要那样吃自己尾巴的怪物，却把环绕大地的大海俄刻阿诺斯（Oceanus）的河神说成是很可亲的好人儿了。

希腊人又以为在他们所居地的北方有些更幸福的人类住着，名为极北人（Hyperboreans）。这些人们过得非常快乐，没有病、老、死的痛苦；这里是终岁在春天（我们不要忘记，希腊人本以为他们自己那里也是春天常在的，后来宙斯把春缩短了，不让希腊人太快活），神们也时常下来和这些极北的有福的人类游玩。可是这福地非世人所能到的；从水路或陆路，都不能达到这"世外桃源"。在南方，也是旁着大河奥息亚诺司的，希腊人以为也有一个幸福的民族名为埃塞俄比亚人（Ethiopians），也和极北人同样地受神所优待。更远些，也在那奇怪的大河的边岸，有一群福岛，自有日月星辰，而尖厉的北风也永远不能吹到这些岛上；正直有道德的人们，为神所喜者，就可以不经过死而直接引到福岛，享受无穷的福佑。

北欧人却没有这种样的极乐世界的美丽的憧憬。他们的生活很艰苦，他们是无休止地和风、雪、冰搏战而后仅能生存；因此他们宇宙观也是严肃的现实的。他们觉得自己住的地方，究竟还有短促的夏天，是有福的；他们想象北方有一处终年被层冰云雾笼罩的地方，简直非活人所能住的；这地方，就是不尽的冰泉赫夫格尔米尔所从出，名为尼非赫姆（Nifeheim）；他们以为恶神和伊密尔的后代霜巨人，才被神们放逐到那边。

希腊人又以为自己住的地方，是天下之正中，而奥林匹斯山实为正中之正中。北欧人没有这种观念。他们说神奥丁全族所住的地方，很远很远，大概在环海的彼岸，并且是惟一四时皆春的所在。现实刻苦的北欧人是多想着自己，少幻想着自己以外或自己没有多大关系的事物的。

《希腊神话与北欧神话》

希腊神话与北欧神话中的自然界

　　北欧人和希腊人一样，也以为大地是先被创造，然后穹形的天覆盖在上面。他们又同以为太阳和月亮每天驾着光辉的车子巡行天空。可是希腊人以为太阳神是男子的希力奥斯（Helios），在北欧却成了女性的叔尔（Sol）。而美丽的月亮，在北欧神话反是男子曼尼（Mani）。这或者正如文字学派所说，因为北欧文法上很奇特地把太阳属于女性而月亮属于男性，故而神话上的太阳和月亮亦成了奇怪的颠倒的现象。又在希腊神话内，太阳和月亮不但是神之血统，并且成了神话中的重要人物；北欧的太阳和月亮却没有这么多的幸福。这自然是因为希腊民族不但常常领享了太阳的熙和，亦能体认清凉的明月的美丽，所以能够发挥他们的奇瑰的想象，而在北欧看来，太阳和月亮不过等于神的臣仆而已。

　　对于云，北欧的原始文学家也有壮丽的想象，以为这些驰逐于天空的白块乃是战之女神们凡尔凯尔（Valkyrs）所乘的白马，他们和他们的美丽的处女骑着，正要到下界的战场上接引那些勇敢就死的战士到神奥丁那里去受福赐。希腊人也把云看作灰白的披毛朋友，可是永远没有担任北欧人所想象的那样伟大使命；南欧的云，不过是阿博洛的一群白羊，为飞都萨（Phaethusa）和兰帕的亚（Lamptia）所牧养，并且曾因被饥饿的尤利西斯（Ulysses，Odyssus）的英雄同伴们杀了几只，神降了灾罚到那群回航的战士们身上。

北欧人又以为露是战之女神们的坐骑的白鬣毛中落下来的东西，以为这也是神之福佑，能使收获较好。但在希腊，露也失了它的功利主义的性质，而成为美丽的达夫妮（Daphne）的恋爱的悲剧，或是普洛克利司（Procris）被她的亲爱的丈夫所误杀的故事了。

地，在南北欧神话，都视为女性。是地上生物（特别是草木禾稼果蔬）的慈惠的母亲。仅因气候不同之故，北欧人所见的"地母"是林达（Rinda）那样的严肃冷酷的女子；我们若想起北欧人民必须于艰苦地战胜自然之后方乃仅得生存，便觉得他们把"地母"看成不很慈惠是当然的。反之，希腊民族眼中的"地母"自然应该是慈祥温和的栖里兹（Ceres）了。

希腊民族又以为冷风是从北方的冰天吹来的；北欧民族则更加以说明，以为这些刺人的冷风是大鹰赫拉斯瓦尔格尔（Hraesvelgr）的翼子煽成的。

北欧神话中的黑侏儒，从冰巨人伊密尔死后的肉中生出来的，就差不多等于希腊神话中冥王蒲鲁土的仆人；他们都是住在地下，不许到地面来的。并且他们都是在地下搜觅珍贵的宝石和金属；并且他们都能制造精巧的饰物，像发尔坎（Valcan）送给神们的，或是奇怪的无人能敌的兵器。至于那些白侏儒，称为伊尔夫司（Elves）的，在北欧神话中也担任了一部分的工作；他们通常是照顾花草的生长，自由地飞来飞去；宛然就等于希腊神话里的最动人爱怜的水泉女神，称为"新妇"或宁福司（Nymphs）的。

《希腊神话与北欧神话》

第二辑：中国神话的骨干

1947 年，茅盾在青年画家张悲鹭家与作家们聚会

中国神话的种类

　　中国神话不但一向没有集成专书，并且散见于古书的，亦复非常零碎，所以我们若想整理出一部中国神话来，是极难的。我们现在虽有许多古书讲到神仙故事的，但是这些故事大半不能视作中华民族的原始信仰与生活状况的反映。于此，我们似应应用兰氏对于神话的见解，以分别我们所有的神仙故事何者为我们民族的原始信仰与生活状况的反映，何者为后代方士迎合当时求神仙的君主的意志而造的谰言。自汉以来，中国与西域交通频繁，西方的艺术渐渐流入中华，料想那边的神话也有许多带过来而为好奇的文人所引用；于此，我们也应根据了"生活经验不同则神话各异"的原则，以分别何者为外来的神话。佛教流入中国而且极发达后，一方面自然也带来了一点印度神话（幽冥世界的神话等等），可是一方面中国固有的神话大概也受了佛教思想的影响而稍改其本来面目，犹之基督教化了北欧的神

1918 年茅盾编写的童话书书影

一样；于此，我们又应当找出他改变的痕迹，以求得未改变时的原样。

我们如果照上面说的三层手续来研究中国神话，把那些冒牌的中国神话都开除了，则所除下来的，可以视作表现中华民族的原始信仰与生活状况的神话，只有不多的几类了：

一、天地开辟的神话——盘古氏开辟天地，以及女娲氏炼石补天等等；

二、日月风雨及其他自然现象的神话——羲和驭日，以及羿妻奔月等等；

三、万物来源的神话——中国神话里这一类颇少，惟有中华民族的特惠物的蚕，还传下一段完全的神话；其余的即有亦多零碎，万不能与希腊神话里关于蛙、蜘蛛、桂、回声，或者北欧神话里关于亚麻、盐等物来源的故事相比拟的；

四、记述神或民族英雄的武功的神话，如黄帝征蚩尤、颛顼伐共工等等；

五、幽冥世界的神话——此类神话，较古的书籍里很少见；后代的书里却很多，大概已经道教化或佛教化；

六、人物变形的神话——此类独多，且后代亦时有新作增加。

除了这六类以外，还有记载神仙的古书如《列仙传》和《神仙传》内的话头，还有记载神仙居处的古书如《海内十洲记》内的神话，据我看来，大都是方士的谰言，不能视作中华民族的神话。

《中国神话研究》

中国神话的系统

一、我们能不能将一部分古代史还原为神话？上面讲过，我们的古代史，至少在禹以前的，实在都是神话。如果欲系统地再建起中国神话来，必须先使古代史还原。否则，神的系统便无从建立。然而要解决这个问题，困难正复不少。古代史虽然即是神话的化身，可是已经被屡次修改得完全不像神话。并且古代史自身的系统亦不明了，也已经不是全部神话而只是一小部分神话被历史化了而保存为现在的形式。所以即使将古史还原为神话，也只是不完的神话。如果一定要求其相当地完整，那么，一些推想和假定是必要的了。用了极缜密的考证和推论，也许我们可以创造一个不至于十分荒谬武断的中国神话的系统。

二、中国民族在发展的过程中，不断地有新分子参加进来。这些新分子也有它自己的神话和传说，例如蜀，在扬雄的《蜀王本纪》、常璩的《华阳国志》

内还存留着一些，如吴越，则在赵煜的《吴越春秋》内也有若干传说。此种地方的传说，当然也可以算为中国神话的一部分。这也需要特别地搜辑和研究。至于西南的苗、瑶、僮各族，还有神话活在他们口头的，也在搜采之列。这个工作就更繁重了。

三、古来关于灾异的迷信，如谓虹霓乃天地之淫气之类，都有原始信仰为其背景；又后世的变形记，及新生的鬼神，也都因原始信仰尚存在而发生。凡此诸端，一方面固然和神话混淆不清，一方面也是变质的神话（指其尚有原始信仰而言）。这一部分材料，也须得很谨慎地特别处理。

以上三问题，在我看来，至少是建立系统的中国神话的先决条件，不解决第一问题，则我们只有碎断的神话故事，没有神话的系统；不解决第二问题，则地方传说会混入了神话里去；不解决第三问题，则原始形式的神话不能分离而独立。

《中国神话研究 ABC》

中国神话的骨干

以下有我存之心中已久而未得机会和人家讨论的两个问题，趁便也说一说罢。

一是中国神话原非一支的问题。我以为现在的中国神话至少是由北方、中部、南部，三支混合而成。北方的神话如女娲氏的，蚩尤的；中部的如东君，如《大司命》《少司命》，如《山鬼》；南部的如盘古。我最近作了一本《中国神话》小册子，其中论此甚详。现在不一一具说，只提出此问题，希望对于中国神话有兴味的先生们的批评。

二是中国神话上神的系统问题。关于此点，我在《山海经》上发见帝俊的地位的重要。《山海经》末卷的《海内经》，不但记诸国多云帝俊之后，并且说"是为琴瑟""始为歌舞""始为巧倕"等人，也都是帝俊之后。此外，羲和生日，常羲生月，而二人者又为帝俊之妻。所以我疑帝俊是中国神话中的主神，有如希腊神话中的宙斯。至于帝俊是谁呢？

或以为是黄帝，或以为帝喾，或以为舜；我亦还不敢断定究竟是谁，或另有其帝俊？此一问题，在《中国神话》那小册子里亦有较详的论述。

我现在觉得研究中国神话时上述二问题是主要的关键，如能圆满地解决上述二问题，则中国神话的骨干便可以建设起来了。

《关于中国神话》

中国神话的修改和增饰

神话既创造后，就依附着原始信仰的宗教仪式而保存下来，且时时有自然的修改和增饰。那时文字未兴，神话的传布全恃口诵，而祭神的巫祝当此重任。后来文化更进，于是弦歌诗人取神话材料入诗（这些弦歌诗人实在是私家乐工，专取当时流行的神话编为乐曲，用以为祭神时颂扬神的功德，飨宴时成礼侑觞，吉凶礼时表白祷祝与哀思，个人或群众集会时歌以娱乐），神庙及皇帝陵墓的建筑家又在石壁上栋柱上雕刻了或绘画了神话的事迹。希腊的神话大部由弦歌诗人保存下来，而古埃及及北欧的神话大都由庙堂的雕刻铭识。

弦歌诗人转述神话时，往往喜欢加些新意思上去；这使得朴野的神话美丽奇诡起来了。后来的悲剧家更喜欢修改神话的内容，合意者增饰之，不合者删去，于是怪诞不合理的神话又合理起来了。所以保存神话者一方亦修改了神话。在希腊，这是很显明的事；希腊的悲剧家欧里庇得斯（Euripides）及喜剧家色诺芬（Xenophon）都明言修改神话使合于"理"。弦歌诗人西摩尼得斯（Simonides）和品达（Pindar）也自承对于传诵的神们的故事已经有了修改。

最后来了历史家。这些原始的历史家（例如希腊的希洛道忒司）把神话里的神们都算作古代的帝皇，把那些神话当作历史抄了下来。所以他们也保存神话。他们抄录的时候，说不定也要随手改动几处，然而想来大概不至于很失原样。可是原始的历史家以后来了半开明的历史家，他们却捧着这些由神话转变来的史料皱眉头了。他们便放手删削修改，结果成了他们看来是尚可示人的历史，但实际上既非真历史，也并且失去了真神话。所以他们只是修改神话，只是消灭神话。中国神话之大部恐是这样地被"秉笔"的"太史公"消灭了去了。

《中国神话研究 ABC》

中国神话的搜集

我想如果有什么人喜欢研究或搜辑中国的神话，那么他动手之后，将见最大的困难倒不是材料的零星和匮乏，而是材料的庞杂。第一：搜辑中国神话自然应以曾见中国古书者为标准，换句话说，我们应从古书中搜采；可是难题就在这里：我们搜罗的范围是限于周秦的古书呢？还是竟扩充到汉魏晋以至六朝？照理讲，材料当然愈古愈可靠，故搜罗中国神话不特要以周秦之书为准，并且要排斥后人伪造的周秦或三代的书。但是神话原不过是流行于古代民间的故事，当原始信仰尚未坠失的地方，这种古老的故事照旧是人民口头的活文学，所以同在一民族内，有些地方文化进步得快，原始信仰早已衰歇，口头的神话亦渐就渐灭，而有些地方文化进步较迟，原始信仰未全绝迹，则神话依然是人民口中最流行的故事。这些直至晚近尚流传于人民口头的神话，被同时代的文人采了去著录于书，在年代上看，固然是晚出，但其为真正的神话，却是不可诬的。我们安知汉魏晋时文人书中所记的神话不是这样得来的？如果我们严格地把年代分界，岂非把晚出的——就是最后从口头的变为书本的神话，都不承认了么？所以我们搜罗的范围不能不扩大；汉魏晋的材料固然要用，即如唐代的材料也未尝不可以采取；只要我们能从性质上确定这些材料是原始信仰与生活的混合的表现就好了。

搜罗中国神话时第二感得的困难，便是现今所有的材料几乎全是夹杂着原始信仰与佛老思想，混淆至莫名其妙。譬如上面我讲过的关于月的神话有羿妻奔月一事，见于《淮南子》，是汉代的材料，不为不古，但是我们很可以大胆说这一段神话很靠不住。又如昆仑，据《淮南子》等书说的是，昆仑是众神所居之地，独立海中，有弱水周回绕匝，故无飞升术的凡人，休想到那边去。我们觉得这一派活，明明是方士造作以欺哄好神仙的皇帝的。方士们既要哄骗人君相信世有神仙，又须预防他们的西洋镜被戳破。他们若说凡人亦可以到昆仑，难保专制的皇帝不像秦始皇一般，派人去寻。这岂不是他们的谎话有戳破的危险么？所以他们索性说有弱水围绕昆仑，不能航渡，叫皇帝们断绝了派人去寻的念头，便省了许多麻烦。但是我们也不便说昆仑之说，纯出方士们的伪造。我们看《楚辞》里说到"县圃"，说到"阊阖"，谓乃天帝之所居，料想中国神话里本来也说到神们的居处。原始人民对于最高的山也有一种莫名其妙的迷信，以为顶上必是神们所居的。希腊神话说神们聚族而居于奥林匹亚，北欧神话说神们聚居于阿司加尔，都和中国说昆仑乃天帝所居，"天人济济，不可具记"，同一思想。故据此而观，昆仑之说，或者竟是中国神话里的真货，未必全属后人伪造。不过我们也要晓得后来方士们附会古说，增饰必多，须得把附会的伪说扫净，然后可见真相。我以为这一件工作是整理中国神话时最麻烦的，然而亦是最重要的。

《中国神话研究》

中国神话的采用

中国神话在当时究竟经过何等人的采用，已经不可深考。但我们可以相信当神话尚在民间口头活着的时候，一定有许多人采之入书，历史家采入了历史，那是无疑的；而且也是中国神话最初被采录。历史家以前有没有祭神的巫祝，弦歌的诗人，曾和神话发生关系，那也是不可考了。我们现在只知直到战国——那时离神话时代至少有三千年——方才有两种人把当时尚活在民间口头的神话摭采了一些去。这两种人一是哲学家，二是文学家。（史家如左丘明也好引用神话传说，然而在他以前的史官早就把大批神话历史化而且大加删削，所以禹、羿、尧、舜，早已成为确实的历史人物，因此左丘明只能拾些小玩意，例如说尧殛鲧于羽山，其神化为黄熊，以入于羽渊。）哲学家方面，《庄子》和《韩非子》都有神话的断片，尤以《庄子》为多。今本的《庄子》已非原形，外篇和杂篇，佚亡的很多。所以保存着的神话材料如鲲鹏之变、蜗角之争、藐姑射的仙人、十日并出等，已经不很像神话，或者太零碎。然据陆德明《庄子释文序》则谓《庄子》杂篇内的文章多似《山海经》，或类占梦书，因其驳杂，不为后人重视，故多佚亡。又郭璞注《山海经》，则常引《庄子》为参证。可知《庄子》杂篇的文字很含有神话分子，或竟是庄子的门人取当时民间流传的神话托为庄子所作而归之于杂篇。《列子》虽是伪书，然至少可信是晋人所作；此书在哲学上无多价值，但在中国神话上却不容抹杀；如太行王屋的神话，龙伯大人之国，终北的仙乡，都是很重要的神话材料。也都是被视为哲学而保存下来的。文学家采用神话，不能不推屈原为首。《离骚》和《九歌》保存了最有风趣的神话；《天问》亦包含了不少神话的片断，继屈原的宋玉亦采用神话；"巫山神女"的传说和冥土的守门者"土伯"的神话，都是宋玉保存下来的可贵的材料。《淮南子》流传了"女娲补天"和"嫦娥"的神话，又有羿的神话。故综合地看来，古代文学家保存神话的功绩，实在比哲学家还要大些。他们一方面保存了一些神话，一方面自然亦加以修改；但大体说来，他们还不至于像古代史官似的把神话完全换了面相。

历史家，能够不大失却神话的本来面目而加以保存的，是一些"野史"的作者。如上文所述，三国时的徐整就敢于采用"南蛮"的开辟神话。后来宋胡宏作《皇王大纪》居然将盘古氏列于三皇之首了。《路史》和《绎史》的作者也采用了历来的神话。

《中国神话研究 ABC》

中国神话的保存

就现有各种古籍的零碎记载而观，中国民族确曾产生过伟大美丽的神话：中国神话之所以不能全部保存，而仅存零星的缘故，鲁迅在《中国小说史略》内说："中国神话之所以仅存零星者，说者谓有二故：一者华土之民，先居黄河流域，颇乏天惠，其生也勤，故重实际而黜玄想，不更能集古传以成大文。二者，孔子出，以修身齐家治国平天下等实用为教，不欲言鬼神，太古荒唐之说，俱为儒者所不道，故其后不特无所光大，而又有散亡。然详案之，其故殆尤在神鬼之不别。天神地祇人鬼，古者虽若有辨，而人鬼亦得为神祇。人神淆杂，则原始信仰无由蜕尽；原始信仰存则类于传说之言日出而不已，而旧有者于是僵死，新出者亦更无光焰也。"

但是中国古代的南方民族，到底替我们保留了若干中国神话，只看现存古籍之保留神话材料最多者，几乎全是南方人的作品，便是一个实证。我们现在从《庄子》《列子》《淮南子》《楚辞》《山海经》《穆天子传》《十洲记》《神异经》乃至《越绝书》《吴越春秋》《蜀王本纪》《华阳国志》《述异记》等等书内，都可搜得若干神话材料，而这些书的作者，大半是中国南方人。从这些书，我们又可以知道中国神话实由三项学者保存下若干零碎材料。一是中国的古代哲学家，他们把神话之带有解释自然现象之一部分，作为他们的宇宙论的引证；一是文学家，他们把唯美的和解释的神话都应用在作品内，使作品美丽而有梦幻的色彩；一是历史家，他们也像外国的历史家一般，认神话中的一部分为历史材料而加以保存。只有《山海经》是一部怪书，既非哲学，亦非文学，亦非历史，也不像地理（虽然古来之目录家曾把《山海经》列入地理类），可是所含神话材料独多——几乎可说全部是神话；这大概是秦末的喜欢神话的文人所编辑的一部杂乱的中国神话总集，可是作者亦只把这些材料当作"异闻"罢了。

《中国神话的保存》

中国南方神话的枯死

　　现存的中国神话只是全体中之小部，而且片断不复成系统；然此片断的材料亦非一地所产生，如上说，可分为北中南三部；或者此北中南三部的神话本来都是很美丽伟大，各自成为独立的系统，但不幸均以各种缘因而歇灭，至今三者都存了断片，并且三者合起来而成的中国神话也还是不成系统，只是片段而已。

　　就我们现有的神话而分别其北中南部的成分，可说是南方的保存得最少，北部的次之，中部的最多。南部神话现惟盘古氏的故事以历史形式被保存着。（即以盘古氏神话而言，亦惟徐整之说为可信，《述异记》是伪书，关于盘古一条，臆加之处很显明。）然而我们猜想起来，已经创造了盘古开辟天地之神话的岭南民族一定还有其他许多神话。这些神话，因为没有文人采用，便自然而然地枯死。和南方的交通，盛于汉代；那时中国本来的（汉族的）

1946 年夏，茅盾与孔德沚在上海大陆新村

文化已经到了相当的高度，鄙视邻近的小民族，南方的神话当然亦不为重视，虽然民间也许流传，但随即混入土著的原始信仰中，渐渐改变了外形，终于化成莫名其妙的迷信的习俗，完全失却了神话的意义了。

《中国神话研究 ABC》

中国神话的研究之路

我以为要研究中国神话，有两条路：

其一，从秦汉以前的旧籍中搜剔中国神话的"原形"，重要材料就不能不是《山海经》《楚辞》《淮南子》等等；

其二，从秦汉以后的书籍乃至现在的民间文学中考究中国神话的演变——各地的传说如何增修了中国原始神话，又如何因此增修而使中国原始神话不但失其原形而且日益凋落，又各地的传说如何互相影响，产生了庞杂而类似的许多"传说的集团"。

我们这里的"两条路"，不是平行的，终结要有交叉点（所以也不妨说是两个步骤），若依神话学的定义来说，则前者是属于纯粹"神话"的范畴，而后者乃属于"传说"的范围，虽然神话和传说的界限往往不大分得清。

依第一路——或者说第一步骤，我们将要搜剔出中国民族原始的宇宙观、宗教思想、伦理观念，

1950 年 5 月 13 日，茅盾与郭沫若、周扬、郑振铎在文物局鉴定熊述匋先生捐献的文物

民族历史最初期的遗形，对于自然界之认识等等。我们说"中国民族原始的宇宙观……"云云者，就是指中国神话的"原形"，没有后世的方士们的思想掺杂在内，也没有混淆了更后的变形的佛教思想。例如关于"幽冥世界"的传说，现在民间流行的，是佛教的话头加上了少些的中国本来有的"多神"思想；但在《楚辞》中，尚有中国"幽冥世界"神话的断片，我们知道那所谓"幽都"的主者叫做"后土"，而"幽都"门口的守门人叫做"土伯"，据说是"其身九屈"，老虎头，三只眼，有一双利角。(《招

魂》）我们可以相信中国最初的"幽冥世界"的神话就是这样。

但是方士思想所形成的"次"神话既已成为广泛而深入的民间传说了，我们就不能摒弃它；这是中国"传说"（Legend）的主要材料。然而采用这些材料，有一条件：即必须罗列诸相类似的关于一事的传说为一"传说的集团"，从而比较其异同，探究其根源，却不能随便抓住了一个"传说"遽以为代表，像威纳先生那样的办法。

做这一步工作（就是我说过的第二路），实在要比第一路难得多了。因为涉览采访的范围非常之大，不但道士们的书（如《神仙列传》等）是重要材料，余如前人的笔记、各地的方志，乃至各地民间的口头传说，都要参考，而且要用科学方法去整理它。

所以《神仙宗鉴》《神仙列传》《西游记》《封神演义》诸书，非不可据，要在作者不先偏信此等书的"史料的价值"，能够处处用科学手腕去解剖它；而庞杂的民间的"传说集团"亦非不可据，要在作者能够用归纳方法来寻求其根源，阐明其如何移植增饰而演化。

《读〈中国的水神〉》

中国北方神话的消歇

就中国现存的古籍而搜集中国神话，我们不能
不说中国民族确曾产生过伟大美丽的神话。……胡
适在《白话文学史》内说："故事诗（Epic）在中国
起来得很迟，这是世界文学史上一个很少见的现象。
要解释这个现象，却也不容易。我想，也许是中国
古代民族的文学确是仅有风谣与祀神歌，而没有长
篇的故事诗，也许是古代本有故事诗，而因为文字
的困难，不曾有记录，故不得流传于后代；所流传
的仅有短篇的抒情诗。这二说之中，我却倾向于前
一说。'三百篇'中如《大雅》之《生民》，如《商
颂》之《玄鸟》，都是很可以作故事诗的题目，然而
终于没有故事诗出来。可见古代的中国民族是一种
朴实而不富于想象力的民族。他们生在温带与寒带
之间，天然的供给远没有南方民族的丰厚，他们须
要时时对天然奋斗，不能像热带民族那样懒洋洋地
睡在棕榈树下白日见鬼，白昼做梦。所以'三百篇'

里竟没有神话的遗迹。所有的一点点神话如《生民》《玄鸟》的'感生'故事，其中人物不过是祖宗与上帝而已（《商颂》作于周时，《玄鸟》的神话似是受了姜嫄故事的影响以后仿作的）。所以我们很可以说中国古代民族没有故事诗，仅有简单的祀神歌与风谣而已。后来中国文化的疆域渐渐扩大了，南方民族的文学渐渐变成了中国文学的一部分。试把《周南》《召南》的诗和《楚辞》比较，我们便可以看出汝汉之间的文学和湘沅之间的文学大不相同，便可以看出疆域越往南，文学越带有神话的分子与想象的能力。我们看《离骚》里的许多神的名字——羲和、望舒等——便可以知道南方民族曾有不少的神话。至于这些神话是否取故事诗的形式，这一层我们却无法考证了。"

中国古代（北方）民族之曾有丰富的神话，大概是无疑的（下面还要详论）；问题是这些神话何以到战国时就好像歇灭了。"颇乏天惠，其生也勤"，不是神话消歇的原因，已经从北欧神话可得一证明；而孔子的"实用为教"，在战国时亦未有绝对的权威，则又已不像是北方神话的致命伤。所以中国北部神话之早就消歇，一定另有其原因。据我个人的意见，原因有二：一为神话的历史化，二为当时社会上没有激动全民族心灵的大事件以诱引"神代诗人"的产生。神话的历史化，固然也保存了相当的神话；但神话的历史化太早，便容易使得神话僵死。中国北部的神话，大概在商周之交已经历史化得很完备，神话的色彩大半褪落，只剩了《生民》《玄鸟》的"感生"故事。至于诱引"神代诗人"产生的大事件，在武王伐纣以后，便似乎没有。穆王西征，一定是当时激动全民族心灵的大事件，所以后来就有了"神话"的《穆天子传》。自武王以至平王东迁，中国北方人民过的是"散文"的生活。不是"史诗"的生活，民间流传的原始时代的神话得不到新刺激以为光大之资，结果自然是渐就僵死。到了春秋战国，社会生活已经是写实主义的，离神话时代太远了，而当时的战乱，又迫人"重实际而黜玄想"，以此北方诸子争鸣，而皆不言及神话。然而被历史化了的一部分神话，到底还保存着。直到西汉儒术大盛以后，民间的口头的神话之和古史有关者，尚被文人采录了去，成为现在我们所见的关于女娲氏及蚩尤的神话的断片了。

《中国神话研究 ABC》

《山海经》中的神话

《山海经》这部书，旧题伯益撰，学者皆以为伪托；然而此书甚古，则可征信。按《吕氏春秋》云："禹东至榑木之地，日出九津，青羌之野，攒树之所，揖天之山……黑齿之国……羽人裸民之处，不死之乡……其肱一臂三面之乡……"这分明是《山海经》的节要，似乎战国已有此书。《史记·大宛》传："太史公曰：至《禹本纪》《山海经》所有怪物，余不敢言之也。"《吴越春秋》云："禹巡行四渎，与益、夔共谋，行到名山大泽，召其神而问之山川脉理、金玉所有、鸟兽昆虫之类，及八方之民俗、殊国异域、土地里数。使益疏而记之，名曰《山海经》。"而王充《论衡·别通》篇亦云："禹主治水，益主记异物，海外山表，无远不至，以所闻见，作《山海经》。"据此则汉初传此书为伯益作。《论衡·别通》又云："董仲舒睹重常之鸟，刘子政晓贰负之尸，皆见《山海经》。"据此可见汉人殆视《山海经》为

"枕中秘"了。

汉以后，怀疑《山海经》者渐多。陈振孙《书目》云："今本锡山尤袤延之校定……故尤跋明其非禹、伯翳所作，而以为先秦古书无疑。"王应麟《山海经考证》谓："要为有本于古，秦汉增益之书。"又《王会补传》引朱子之言："《山海经》记诸异物飞走之类，多云东向，或云东首，疑本依图画而述之。"提要引此而谓："得其实"，则认《山海经》为注图之文了。朱熹《楚辞辨证》云："古今说《天问》者，皆本此二书（《山海经》与《淮南子》）；今以文意考之，疑此二书本皆缘解《天问》而作。"明胡应麟《少室山房笔丛》云："战国好奇之士，本《穆天子传》之文与事，而侈大博极之，杂傅以《汲冢》《纪年》之异闻，《周书》《王会》之诡物，《离骚》《天问》之遐旨，《南华》《郑圃》之寓言，以成此书。"朱胡之疑，自然太落主观，但是他们俩都看出了《山海经》的材料与《离骚》《天问》《淮南》等原自相同。平情而论，旧说《山海经》为伯益之作，自不可信；而以为全抄《离骚》《天问》等等，亦太抹煞。至自为注图之文，尤为不妥。我们认为《山海经》是周人杂抄神话之作，然因要托名伯益所撰，必须摹仿《禹贡》的体裁，故碎割神话，而并无系统的记载了。这是《山海经》的一大缺点。

《中国神话的保存》

《楚辞》中的神话

最足表现温带地方的中部民族对于自然现象的想象力的，是《楚辞》中《九歌》的几首。王逸谓："昔楚国南郢之邑，沅湘之间，其俗信鬼而好祠，其祠必作歌乐鼓舞以乐诸神。屈原放逐，窜伏其域，怀忧苦毒，愁思沸郁，出见俗人祭祀之礼，歌舞之乐，其词鄙陋，因为作《九歌》之曲。"可知《九歌》是当时民间的祀神歌而经屈原修饰改作的。古代人民的祀神歌大都是叙述神之行事，所以也就是神话。《九歌》中的《东君》是祀太阳神之歌，其词曰：

暾将出兮东方，照吾槛兮扶桑；抚余马兮安驱，夜皎皎兮既明。驾龙辀兮乘雷，载云旗兮委蛇。……青云衣兮白霓裳，举长矢兮射天狼。操余弧兮反沦降，援北斗兮酌桂浆。撰余辔兮高驼翔，杳冥冥兮以东行。

1953年秋，茅盾和老舍、萧三等在龙门

　　这是说太阳神青衣白裙，乘雷车而行，举长矢射天狼；长矢自是象征太阳的光线，而天狼也许是象征阴霾的云雾。把太阳神想象成如此光明俊伟的，原不限于温带地方的人民；但是《楚辞》

是中部的楚民俗的产物，所以我们很可以认《东君》的太阳神话是属于中部民族的。又如《山鬼》一篇云：

> 若有人兮山之阿，被薜荔兮带女萝。既含睇兮又宜笑，子慕予兮善窈窕。乘赤豹兮从文狸，辛夷车兮结桂旗。被石兰兮带杜衡，折芳馨兮遗所思。

我们看这"山鬼"是多么窈窕妩媚！王逸注谓："《庄子》曰，山有夔；《淮南》曰，山出噭阳。楚人所祠，岂此类乎？"自然不是的。我以为这所谓"山鬼"大概相当于希腊神话中的 Nymphe（义为"新妇"也），是山林水泉的女神；在希腊神话中，她们有许多恋爱故事。我们的"山鬼"也是不免于恋爱的，所以她要"折芳馨兮遗所思"，要"怨公子兮怅忘归"，要"思公子兮徒离忧"了。《山鬼》所描写的自然境界，所表现的情绪，都是中部湘沅之间的，所以是真正的中部民族神话。

我以为《九歌》的最初形式大概很铺叙了一些神们的恋爱故事。譬如《大司命》是"运命神"的神话，而《少司命》便像是司恋爱的女神的神话（此在下面第六章尚要详论）。自来的解释《楚辞》者都以为是屈原思君之作，便弄得格格难通了。"巫山神女"的传说，在当时一定也是洋洋大观，可惜现在我们只能在宋玉的《高唐赋》里找得一些片段了。

《中国神话研究 ABC》

开天辟地

原始人民的信念大概相同，各民族的神话常多相同处，理即在是。我们相传关于天地肇始的故事，现在既经证明各民族中亦多有的，我们不妨断定这就是中国的天地开辟神话的断片。如果我们把上引《三五历纪》《述异记》等书的话连串起来，可得一段神话如下：

宇宙最初是漆黑混沌的一团，像一个极大极大的鸡子；那时没有地，没有水，没有日月星辰。

这鸡子的心里，生有一人，叫做盘古；他被关闭在这个古怪的地方，不能出来。

直到过了一万八千年，忽然一声响亮，这个极大的鸡子——盘古的囚笼——忽地裂开，分为两半，一半是清轻的，就往上升，又一半是重浊的，就往下沉；上升的成了天，下沉的就成为地。这个时候，盘古立在他们中间，一日之内就变了九次。

他长得极快：那时每日内，天要往上高一丈，地要厚一丈，盘古亦每日长一丈。这样又经过了一万八千年，天是极高了，地是极厚了，但是盘古也极长了。

这时的天，只是一大块青石板；地，也只是片黄土，冷清清的怪没有意思。

后来盘古死了，他的头颅化成了四岳——东西南北四岳，一双眼睛化成了日月，身上的脂膏化为江海的水，毛发化成了草木，于是天上有日月，地面有山川草木了。世界是这时候起始的。

《中国神话研究》

女娲补石

历来相传女娲氏炼石补天之说，理应是中国的开辟神话的后半段，不知后来怎样割裂了的，从此也可以想见中国的开辟神话其内容丰富美丽，不亚于希腊神话。我们现在再把炼石补天的话，引在下面：

> a. 昔者女娲氏炼五色石以补其（天）阙，断鳌之足，以立四极；其后共工氏与颛顼争为帝，怒而触不周之山，折天柱，绝地维，故天倾西北，日月星辰就焉，地不满东南，故百川水潦归焉。
>
> 《列子·汤问》

> b. 往古之时，四极废，九州裂，天不兼覆，地不周载，火爁炎而不灭，水浩洋而不息，猛兽食颛民，鸷鸟攫老弱；于是女娲炼五色石以补苍天，断鳌足以立四极，杀黑龙以济冀州，

积芦灰以止淫水。

《淮南子》

《列子》，人家说是杂凑成的伪书，《淮南子》说明是杂采旧说而成的，故炼石补天之说想来也是民间传述极盛的故事；这一节神话所含的意义最使我们感到兴味的，一是作开辟神话的尾声，二是可见中华民族原始的宇宙观（我以为古书所记邹衍大九洲小九洲之说，以及《十洲记》所记十洲情形，皆不是原始的宇宙观）。中华民族的环境是东南滨海，长江大河皆流入海，西北却是山陆：这种环境在原始人看来是极诧异的，所以他们便创造了女娲氏的神话，说是"地不满东南，故百川水潦归焉"。但是何以地又忽然不满于东南呢？照"混沌如鸡子……"的说法，天地是自始即圆满的。为了要解释这一点，并且原始人又相信天是一块大青石板，盖在地上，故必有柱，于是他们乃说是女娲氏炼石补天，断鳌足立在地的四角，作为撑天之柱。不过天何以忽然有破隙，劳女娲氏炼五色石来补，中国的古书上都没有说起。据我想来，中国本来应有一段神话讲天何以破裂，但现在竟失传了。各民族的神话里都讲到天地开辟以后，人类既生以后，复经毁灭，后乃由神收拾残局，更造人类（例如希腊的洪水神话）；这些洪水神话，有人解释是原始人所身受的最后一次因冰川融解而发的大水的经验的记录。这个经验，据说是温热带地段居民所共有的；今证之以凡居温热带地段的民族几乎全有这段神话，觉得这个假定似乎可以成立。准此可知中国民族的神话里本来也有洪水的故事，后来不知什么缘故，竟至失传，却只剩了破坏后建设——即女娲氏炼石补天——的故事了。我们只看《淮南子》所说"往古之时，四极废，九州裂，天不兼覆，地不周载，火爁炎而不灭，水浩洋而不息，猛兽食颛民，鸷鸟攫老弱"一段，应该有理由相信我们上文的推测并非全无根据的。又原始民族对于大水的来因，或归于神怒，或又谓乃海蛇或大蛙之类作怪所致，说至不一。若在中国，我疑女娲断鳌之足以立四极的鳌，也许便是神话中大水的主动者；我们不妨想象我们的祖先曾把他们那时传下来的地面最后一次洪水的故事，解释作因为有鳌作怪，发大水，以至四极废，九州裂，然后女娲氏斩鳌，断其足以为天柱，把天撑住，又补了有破痕的天，乃创造第二次的世界：这个想象，似乎也还近理，就可惜于书无征。

《中国神话研究》

精灵崇拜

　　姮娥奔月以及仙人吴刚伐桂等等故事未必是真神话，而疑是后代方士附会造作的；我以为所谓"道教"，虽然可算是中国民族自己的宗教信仰，但是决不能算是中华民族的原始信仰。原始人民是"精灵崇拜"的，是确信一切物与人一样有生有死有思想有情感的；但是原始人民只相信万物本来如此，决不靠修炼之功。他们相信野兽可变为人，并不说野兽须经几千年的修炼，而后可变为人。说野兽如何修炼而成人形，已是混合了烧汞炼丹道士派的邪说后的变形记了。我们的古书里讲变形的极多，这里不胜枚举，但就其大体而言，有一条原则是普通的，就是：时代愈古的书，讲变形记时只说变形，并不说那野兽经过如何修炼而得人形，也不说那野兽有如何的妖法，非平常人所能抵敌；但是时代愈后的书便常常说修炼，说能变为人形的野兽一定能妖法，会腾空了。从这些地方，可以证明炼丹烧铅之说愈

乌镇茅盾故居

盛后，中国神话中关于变形的一部分便愈加修改失真；我们现在
要探讨中华民族对于精灵崇拜的概况，须先不被遮满了道士们邪
说的各种变形记所误。

《中国神话研究》

幽冥世界

　　幽冥世界的神话，也是受后代的宗教信仰——道教和佛教全有份——修改得最厉害的。我们现在所有的关于幽冥世界的神话（为说时便利起见，姑亦称之为神话），要算是最多最有系统的。可是我要赶快声明一句：这最多而最有系统的幽冥世界的"神话"，亦最为庞杂，佛道二教之说都有，至于中国民族本有的观念反倒没有了。我们现在所有较古的书籍里，几乎没有什么关于幽冥世界的材料，除了《楚辞》里的几句：

　　魂兮归来，君无下此幽都些（注：幽都，地下，后土所治也。地下幽冥，故曰幽都）；土伯九约，其角觺觺些（注：土伯，后土之侯伯也。约，屈也。觺觺，角利貌。言地有土伯执卫门户，其身九屈，有角觺觺，触害人也）；敦脄血拇（注：敦，厚也。脄，背也。拇，手拇

1954 年元旦，茅盾夫妇合影

指也），逐人驱驱些（注：驱驱，走貌也。言土伯之状，广肩厚背，逐人驱驱，其走捷疾，以手中血漫污人）；参目虎首，其身若牛些（注：言土伯之头，其貌如虎，而有三目，身又肥大，状如牛矣）。

宋玉《招魂》

　　我以为看了这一段话里把幽都守门的人就描写得那么可怕，可知中华民族原来的对于阴间的说法，大概是阴惨可畏的。或者有人要说宋玉要招屈原之魂返故里，特把东南西北四方，及上界下界，都说成不好，以映出故乡之好，所以幽都的可怖情形也许是宋玉行文时的想象，并非是古代的神话真如是云云。这一段话，颇能动人；但是我们的看法却不是这样。我们以为应该先考察宋玉所描写的幽都是否合于原始人民的思想；如果合的，我们应当老实不客气承认宋玉所述的是中国神话关于幽冥世界的一部分。对于死的畏惧，是人类都有的；对于死后如何这个疑问的猜度，也是人类自古至今用心考量的。原始人民一时得不到合理的答案，他们就作一段神话来解释，以自满足好奇心的逼迫。这便是幽冥世界神话发生的理由。又因为人类都曾看见别人死时的状况非常痛苦，不禁懔栗，遂设想幽冥的世界一定是凄惨可怖，毫无欢乐的；这便是各民族的幽冥神话大半是惨怖的原因。据此，我们可说宋玉描写的幽都十分可怖，也是根据中国本有的神话的，并非因为《招魂》一文意在指陈故乡之可爱，故遂说幽冥世界是那样的可怖了。我们猜想中国的幽冥神话大概也是丰富美丽的，但不知为什么缘故，散逸独多，只剩下这一些，令人只见其门，别的都没有了。

　　　　　　　　　　　　　　《中国神话研究》

神之王

中国神话在最早时即已历史化，而且"化"得很完全。古代史的帝皇，至少禹以前的，都是神话中人物——神及半神的英雄。那么，我们能不能从上古史中抽绎出神话中的"诸神世系"来呢？这是个耐人寻味的问题。我们自然不敢说这件工作一定有把握，但总不致于以为全无可能性罢，既然认为有"可能性"，就不妨先立个"假定"，然后依此考证而推求。申言之，即先"假定"了神话中诸神的领袖——或神之王——从而创造出一个"诸神世系"来。如果承认这个方法是可行的，那么，古史中的帝皇，可以充当我们的假定的，至少有三位：一是伏羲，二是黄帝，三是帝俊。请分论之。

伏羲是中国"可靠的"古籍上所载的一个最早的皇帝。据《易·系辞》的"古者庖牺氏之王天下也"一段文字而观，伏羲显然是中华民族文化的始祖；由神话中的"主神"变而为民族文化的始祖，

1962 年，茅盾与孙儿孙女的合影

是很合乎情理的。这是伏羲氏可假定为中国神话第一神的理由之一。关于伏羲氏的神话，现在几乎全然没有，但伏羲与神话中的重要人物女娲就有相当的关系。据旧籍所载，女娲与伏羲的关系有三说：一是说女娲继伏羲而为帝，一说女娲为伏羲的妹子，一说女娲为伏羲氏之后。把一位炼石补天、抟土造人的女娲说成伏羲之妹及后，是一件最有意义的事；也就证明了伏羲的"神性"是很充足的。如果假定伏羲是中国神话的"主神"，相当于希腊神话的宙斯，则女娲的地位也就相当于朱诺（宙斯之后）了（依女娲是伏羲之后的说法）。但可惜伏羲的神话太少，即使我们承认他是中国的"主神"，亦只是一个"光杆"的和"绝后"的"主神"而已。在这点上，我们不能不抛弃了伏羲这个假定了。

次言黄帝。关于黄帝的神话除上述的蚩尤故事外，还有不少；如说他乘龙上升，与素女试房中术等等，凡是后世方士派的胡言，皆托始于黄帝。《史记》亦谓黄帝赐诸子以姓，为诸国之始。又谓黄帝时始造文字，造舟车，造乐器，育蚕，制裳，"铸首山之铜"；把铜器时代归于黄帝，也很可以令人推想到他是神的始祖的。所以黄帝也很有资格来充当我们的"假定"。但考之《山海经》，则黄帝的记载不多，显不出他的特别重要的身分。在《山海经》中有"主神"的资格的，反是别处不见的帝俊。

据《山海经》，则帝俊是神话中的重要角色，很有被假定为"主神"的理由。帝俊之妻羲和生十日，常羲生月十有二，这都是上文已经说过的了。这岂不是和希腊神话所说宙斯的外妇腊都娜生子女各一，是为日月之神，是一样的事么？宙斯是希腊的"主神"，因而我们也可以想象那既为日月之父的帝俊，大概也是中国神话的"主神"。

《中国神话研究 ABC》

西王母的神话演化

　　西王母的神话之演化，是经过了三个时期的。在中国的原始神话中，西王母是半人半兽的神，"豹尾虎齿，蓬发戴胜"，"穴处"，"三青鸟为西王母取食"，是"司天之厉及五残"，即是一位凶神。到了战国，已经有些演化了，所以《淮南子》公然说"羿请不死之药于西王母"，而假定可算是战国时人所作的《穆天子传》也就不说西王母的异相而能与穆王歌谣和答了。我们从《淮南子》的一句"不死之药"，可以想见西王母的演化到汉初已是从凶神（司天之厉及五残）而变为"有不死之药"的吉神和仙人了。这可说是第一期的演化。汉武求神仙，招致方士的时候，西王母的演化便进了第二期。于是从"不死之药"上化出"桃"来；据《汉武故事》的叙述，大概当时颇有以西王母的桃子代表了次等的不死之药的意义，所以说西王母拒绝了武帝请求不死之药，却给他"三千年一著子"的桃子。这可算是第二期的演化。及至魏晋间，就把西王母完全铺张成为群仙的领袖，并且是"年可三十许"的丽人，又在三青鸟之外，生出了董双成等一班侍女来。这是西王母神话的最后演化。西王母神话的修改增饰，至此已告完成，然而也就完全剥落了中国原始神话的气味而成为道教的传说了。

为什么神话会"演化"呢？因为"文雅"的后代人不能满意于祖先的原始思想而又热爱此等流传于民间的故事，因而依着他们当时的流行信仰，剥落了原始的犷野的面目，给披上了绮丽的衣裳。这是"好奇"的古人干的玩意儿，目的在为那大部分的流传于民众口头的太古传说找一条他们好奇者所视为合理的出路。同时却又有些"守正"的人们努力要引导这些荒诞的古代传说归之于"正"，从另一方面消极地修改神话，使成为合理的故实：这便是所谓对于神话的"解释"。

《中国神话研究 ABC》

关于乐土的神话

　　《山海经》中也有一些近乎神人所居的乐土的记载，都在《荒经》中，现在也抄了来：

　　　　有载民之国。帝舜生无淫，降载处，是谓
　　　　巫载民。巫载民盼姓，食谷。不绩不经，服也。
　　　　（郭注：言自然有布帛也。）不稼不穑，食也，（郭
　　　　注：言五谷自生也。）爰有歌舞之鸟，鸾鸟自歌，
　　　　凤鸟自舞。爰有百兽，相群爰处，百谷所聚。

　　　　　　　　　　　　　　　　　　（《大荒南经》）

　　　　有沃之国，沃民是处。沃之野，凤鸟之卵
　　　　是食，甘露是饮，凡其所欲，其味尽存，爰有
　　　　甘华、璇瑰、甘柤、瑶碧、白木、白柳、视肉、
　　　　琅玕、白丹、青丹、多银铁。鸾凤自歌，凤鸟
　　　　自舞，爰有百兽，相群是处，是谓沃之野。

　　　　　　　　　　　　　　　　　　（《大荒西经》）

西南黑水之间，有都广之野，后稷葬焉。爰有膏菽、膏稻、膏黍、膏稷。（郭注：言味好，皆滑如膏。）百谷自生，冬夏播琴。（郭注：言播殖也。）鸾鸟自歌，凤鸟自舞，灵寿（木名）实华，草木所聚。爰有百兽，相群爰处。此草也，冬夏不死。

（《海内经》）

这里的三个描写，实在只是一个意思；说来说去只是百谷自生，鸾鸟自歌，凤鸟自舞，百兽群处。这比较终北、华胥、列姑射三地的描写中所表现的空灵幻美的想象，真有天渊之隔。《荒经》及《海内经》本成于战国时代，杂有中部民族的神话；所以沃民、都广之说，或者也是当时的传说（载民在南方，沃民在西方；都广之野，杨慎说是四川成都。合北方的终北，西北方的华胥，东方的列姑射，是四方都有了。这使我们想象到中部人民对于辽远的四方的观念，所以可信载民等也许是当时中部人民的神话，不过是最简朴的原始形式罢了），证以《吕氏春秋》及《淮南子》均曾言及沃民和都广，则战国时确有此种神话。然而只是僵死的神话，远没有终北等之美丽了。

《中国神话研究 ABC》

关于自然界的神话

自然界的神话即是解释一切自然现象的神话；其范围甚广，从解释天体、昼夜、日月、群星、风、雷、雨、雪、云、霞直至鸟兽草木的形状等等，都是自然界的神话。……例如希腊民族看见鸟有各种颜色，花也有各种颜色，便觉得很奇怪，渴要求其理由；他们的原始思想，只能创造神话以代解释，于是他们就说凡百鸟兽草花的颜色本来是白的，其所以有各色，是为了特种的原因，他们就创造一个神话来说明那原因。所有的自然界的神话，差不多都是这样发生的。

我们的自然界神话也是极丰富的。虽然不免零碎，而且缺乏系统；可是也仅有许多美丽的想象和高贵的理想。为叙说的便利起见，可以分为三类：一是关于日月星辰风雷山川等自然现象的，二为关于禽兽草木的，三是关于特种对于自然界的原始信仰。

《中国神话研究 ABC》

第三辑：童话故事二十则

1976 年 7 月 4 日茅盾八十寿辰于寓所

狮骡访猪

　　山中的狮王，到了晚上，就从洞里出来寻夜饭吃。走了许多路，不曾遇见一兽。狮王饿极了，便大胆跑到村庄里去。一眼见了农人家的骡子，心生一计，三脚两步，走到面前，笑嘻嘻对骡子说道："呵，骡姑娘呀！你的身体，这样光润肥壮，是吃的什么呢？你的毛色，这样美丽，又是涂的什么呢？听说你的主人，待你极好，把嫩草和肥小猪给你吃，是不是呀？"

　　骡儿道："不是。我没吃什么好东西，不过我心气和平，不喜同人吵嘴罢了。"狮子听了，便竭力恭维骡子，说道："像你这样好人，真是世间少有。我是极欢喜同你做朋友，但不知你肯不肯。"骡说："这是哪里的话。"狮说："承你不弃，我们就同出去走走，好吗？我要找我的朋友猪先生，你领了我去罢。"

　　骡儿听说狮子要同他出去，心中畏惧。暗想，去又不是，不去又不是，一时答应不出。狮子不管他肯与不肯，一叠连声的催促，竟要动手来拉。吓得骡子慌了，只得跟他出来，领到隔壁人家的猪棚里去。

狮子几曾同猪做朋友呢？他同骡子说的，全是谎话。他是防猪见了他时，不肯开门，所以约了骡子同去。果然一到猪棚旁边，早给小猪看见，便没命地大叫。吓得狮子连忙躲过，对骡子道："你去叫他出来罢，他怕我呢。"骡子不知狮子的诡计，便来叫猪开门。母猪听是骡子的声音，就开门相迎。狮子见了，突然跳出，张开大口，拖了便走。

猪在狮子口里，大呼救命。骡子看了，着实不忍，替猪讨情。狮说："我家里猪多着哩，让他去做伴也好。"不听骡子的话，只顾走。骡子没奈何，也跟在后面。不多几时，走到一张猎网之前。网的后边，蹲着一只肥狗。狮见了狗，犹如不见网一般，放下了猪，想去捉狗。狗见狮子捉他，哀鸣求饶。狮子一脚抓住狗，回头骗骡子道："这狗可恶极了，我们好意来候他，他倒想咬人，你快来帮我捉住他。"

蠢骡子还不知狮子之诈，听了他的话，走上前来，早被狮子一爪抓住，哈哈笑道："猪、狗、骡，三顿好饭，全都到手了。"话犹未完，只见黑影一瞥，那猎网兜头落下，把狮骡二兽，都关在网里。只便宜了狗和猪，各自逃生去了。

到了天明，猎人来收网，见捉了一狮一骡，喜之不胜。骡子向猎人哀求道："猎人哥呀！你是认识我的。我不是歹人，你放了我罢！"猎人摇头道："依不得你，你虽是好人，但已和歹人做了一起，我只把你当歹人看待。"

狮受蚊欺

　　话说某年夏天，久不下雨，山里的溪水河水，都干得涓滴全无。有一狮子，渴得慌了，跳出洞门，四下里去寻水。哪知左近竟没有一滴水。直跑到数里之外，才遇着了一口古井。井虽然有水，却不很鲜洁。狮子急不暇择，也顾不得了，自言自语道："这水的好不好，倒也罢了。只是水在井底，我怎样喝它呢？"狮子但忧井水难饮，不知还有一个主客问题在内。原来这口古井，是野蚊的居处，子子孙孙，不知有几千万。为首的野蚊，见狮子在井上探头探脑，便发话道："快些去罢，不要你来，这是我们的家，与你非亲非故，河水掺不到井水，快些去罢！"

　　狮子听了大怒，叫道："你们这种冒失小虫，我是狮子呀！我来饮水，你们怎不避开呢？我是山里的大王，我从小至今，只消发一声喊，随你豺狼虎豹，都吓得乱抖。你这一些儿小虫子，倒这样大胆，敢得罪我，真是反了！"

狮子咆哮了一阵，指望把蚊子吓退，再不敢做声。哪知蚊子公然不惧，益发大声说道："你的嗓子，真是响亮。一个人的声音，足足抵过我们数百人。虽然如此，我们毫不怕你。你说你是山里的大王，这并是你该管。但你未出娘胎以前，我们早住在此，生长子孙，也不知多少代了。在我们家里，自然有权力撵你出去，你如何反要赶我们走呢？老实说，你再不走，我们就要围困你了！"

狮子听了这话，直气得三尸内冒火，七窍里生烟。大叫道："反了！反了！你们是什么东西，敢在我面前放肆！我把你们斩草除根，也非难事。我饮水之时，只消张大了口，便可将你们吞到肚中，看你还能逞强么！"蚊虫道："傲汉，我们倒要试试你的手段。我们知道你是狮子，是百兽之王，独有我们不怕你。"

狮子暴跳如雷，直着喉咙，在井上喊道："我出娘胎以来，从没受过这等鸟气，我倒来受你们的教训不成。小虫子不欲逃，快来领死罢！"喊了又跳，跳了又喊，两只脚攀住了井口，恨不一口气井也吞下半截来。

狮子要与蚊子打架，这个主意，早已错了。不到一盏茶的工夫，但听嗡嗡之声，不绝于耳。井内的蚊子，成千成万地飞上。狮子向前一扑，蚊虫立刻飞散，两脚一停，又立刻合拢来围住。耳朵里，鼻孔里，嘴唇边，全是蚊子世界了。狮子提起脚想抹，蚊子嗡的一声便逃；放下了脚，又飞过去。那利钻似的尖嘴，刺到肉里又痛又痒。狮子到了此时，才知彼众我寡，这小东西合了群，便也不可轻视了。

此时狮子愿向蚊子讲和，蚊子倒不肯罢手了。围住狮子，和他酣战。急得狮子忽而打滚，如个地铃；忽而乱跳，如个炮仗。一不经心，早把两只前脚吊在井里，身子向前一纵，塞入井眼。那井又狭又深，吊了下去，再也缩不上来。他倒挂在井里，虽然有力，也无用处。直到临死时候，方才叹道："这都是我鲁莽骄傲的不好。我若好好儿与蚊子商量，就没有这场祸。要不然，换个地方去解渴，也就罢了，偏要与他斗气，白白送了性命。这不是我本事不济，多因一时愤怒，没了主意的缘故。"

蚊子虽然得胜，因井眼被狮子塞住了，回不得旧居，只好另觅住处。

傲狐辱蟹

狐是著名的刁钻精。诈谋百出，只有他去愚弄人，没有他被人愚弄过的。岂知狐一骄傲，也有失败的时候。古人说："利令智昏。"在下却要添一句道："骄傲也令智昏。"无论怎样有能耐的人，一大意，一骄傲，便要闹出笑话，自取侮辱。狐与蟹的事情，不过是个榜样罢了。看官要知狐为甚事失败，且听在下慢慢道来。

有一狐狸，一天出门散步，见一螃蟹，举起了一双钳，横着八只脚，从对面爬来。狐见螃蟹爬得好不吃力，便嘲笑他道："爬行汉呀，你一生一世，都是这样爬的么！可怜！你有八只腿，倒没有我四只脚跑得快，连我也替你羞。若是你的八只脚，生在我的身上，我跑起来，至少比你快十倍。像你这样懒汉，真是少见！"

狐带笑带骂地说了一顿。蟹听了，一毫不怒，一毫不羞，心中早定了计算。开口对狐说道："你不要夸口，你肯同我赛跑么？你不要小看了我。"狐抢口说道：
"有何不可？我看你好不识羞。"蟹也不与狐分辩，只是接着说
道："我身体小，你身体大，自然力气也比我大。你说我脚多，
跑不快，替我羞；我说你白白身大力强，也不过如此。我也替你
羞哩！"

蟹这一激，真把狐狸气坏了。顿时暴跳如雷，全改了样儿，
气冲冲地对蟹说道："笨汉，还有得你说嘴呢，我们快来赛跑。
跑不过时，我要揭你的壳，折你的腿！"蟹却笑吟吟答道："你真
欲同我赛跑么？你跑的时候，总把你那美丽的尾巴，高高竖起，
赛如风篷一般。你使了篷，自然跑得快了。你敢拖了尾巴同我赛
跑，我才佩服你。"

狐听了蟹这番话，笑道："笨汉，笨汉，你疑心我的尾巴作
弊么？罢了，罢了，同你讲也讲不清，依你便了。笨汉呀，你要
怎样我便怎样是了。"

蟹见狐已中计，便说："我还不信你不借重尾巴，须得让我
缚住你的尾巴，方才相信。"狐不知是蟹之计，当是蟹真认作尾
巴能当篷，笑得欲死，便道："笨汉呀！看你怎样缚呢？"蟹也不
答，慢慢儿爬到狐的尾巴边，说："我欲缚了。"狐便挂下尾巴，
却暗暗地好笑。笑犹未了，猛听得蟹在后面喝道："预备！向前
跑！"狐狸即时撒起四腿，没命地向前而去。却不知道蟹已钳住
他的尾巴，跟着去了。

狐跑了一阵，回头四望，不见蟹的影踪。认作已在前面，更
又舍命乱跑，直跑得头昏眼花，腿酸脚软，方才在路旁歇下。四

脚才停,蟹已放下尾巴,闪在旁边。狐见了螃蟹,深觉诧异。蟹先说道:"你现在跑到哪里了?我只道你已经跑得比我十倍远了,岂知你用尽了气力,却不曾跑出我一个头,羞也不羞?"

狐气喘喘说不出一句话,只得服输,垂头丧气,急急逃了。

学由瓜得

　　古时有一位先生，学问高明，弟子众多。有一天，先生在园中散步，倦了，就坐在一枝无花果树下乘凉。偶一回头，见地下种着西瓜，那斗大的瓜，却生在又细又脆的藤上。看那无花果树，树身极粗，所结的果子却又极小。

　　那先生看了西瓜，又看了无花果，心里忽然起个念头，想道："据我的意思，造物应该把西瓜结于无花果树上，才觉相配。"说着，立起身来，把无花果树，用手摇了几摇，说道："你的枝干很硬，若结出西瓜大的果子，也载得住，怎么天倒叫你生这小果子呢？"又走到西瓜田里，把瓜蔓轻轻一拉，早断了几根，便说道："你这样软弱细小的东西，偏结了这般大的瓜，你若结了无花果般大的果子，才觉相配。天公真真颠倒，我看万物的位置，不称的多着哩！"

　　先生说完这句话，仍回到无花果树下坐了。刚刚坐定，一个无花果落将下来，不偏不斜，恰恰打中先生的鼻，鼻尖上早红了一块。先生顿时大悟道："吾知道了，天生万物，各有各的用处，也各有各的道理，决不会颠倒弄错的。假如照我的话，把这大西瓜结在无花果树上，我这面孔，早已打坏，或者竟至丧命。幸而是小果子，不过小伤罢了。可知世界上的万物，造物都把他安置得十分妥帖，我们何得妄去议他。"

风雪云

　　风雪云聚会一处，将欲施展神通。忽然雪先说道："我们三人，究竟谁有用，谁没用，趁今天没事，比他一比。"云说道："有用的莫如我。你看大暑天气，日光如火，晒得地皮上起了裂纹，农夫都仰天叹道：'云呀，雨呀，怎么不来救我们呀！'我来了，农夫就很欢喜。可知我是最有用了。"

　　雪冷笑道："你只说得一件事，你不记得某某将军出征的事么？他带着几万人马，和匈奴打仗，只为你在天空撒下了漫天帐，把日月星辰都遮得无光，几万人马，迷住道路，活活饿死。这也是你的功劳么？我在腊月里落到地上，能把地里的害虫，一齐杀死，来年的收成有望。人家赞美我，呼谓瑞雪。我若夏天出现在世上，人家都当做活宝，说可以解热驱暑。还有许多人趁着冬天，把我藏在地窖子里，预备夏天用。你想我在世上，无论冬夏，都受欢迎。看来还是我最有用。"

云听了雪的话，自然也不肯服输，便讥笑他道："你说热天人欢喜你，你为何偏不去呢？冷天人家冻得要死，你倒偏要去，越冷得厉害，你就越去得勤，冻死的人畜也有，压倒的庐舍也有，这样害人还要自己说嘴么？"

云雪两面，争辩不休。风说道："二位休得相争，我看二位都没有我的厉害。我虽然没大用，可是二位的行踪，全仗我的指导。我要东便东，我要西便西，世人虽然欢迎二位，去留的权柄，却是在我手中。不是我最有用么！"

平和会议

有一牧人，家中养了牛马猪三种家畜，使他们同在牧场上过活。牛和马两家，很是和好。惟有猪的性子，原是愚笨，面貌又不干净，举止又粗鲁，因此牛马很讨厌他。他还不知，时到牛马家里，吃食玩耍，无所不至。牛马常要打他，打的结果，自然是猪输的。但牛马家中，不是门破，便是壁塌，也未免大受损失。如此已不止一次。

一天，母牛和马说道："现在已经年底了，明天我们开个宴会，请几个客。猪和我们做了半年邻舍，天天打架，大家不安，我想借此请他来吃一顿，我们大家讲和，从此以后两不侵犯，岂不是好？你们若是同意，今天就好去下请帖。"马自然答应。于是牛马两族，公举出一只年纪很轻、性情温和的小母牛，作了请猪的专使。

小母牛领命而去。到得猪棚门首，早听几个顽皮小猪，咿唔咿唔地叫道："你到这里来怎的？敢是又要和我们打架么！"小母牛恭恭敬敬答道："不是不是。明日我家和马家，略具杯酒，专请府上的叔伯哥儿们赏个光。烦你快去通个信儿，我还有事，就要走呢。"小猪听得有吃，也不惫懒，忙忙奔进，见了老猪，说知如此这般。老猪自然答应。小母牛得了准来的回音，便自回去复命不提。

到了明日，牛马两族，各备了清水、黄豆、番薯无数，借牛家做个会场，专等猪宅客人到来。不多一时，老猪带领猪子猪孙，蜂拥而来，足有二三十只。那做会长的老母牛，满面春风地迎了进来，挨次坐下。牛家的人，献上食物，众猪一顿大嚼，顷刻而尽。会长见宴会已完，便对众猪说道："猪大哥，今天诸位肯来，兄弟是非常荣耀。想起从前我们三家，时常不和，兄弟觉得很抱歉。从此以后，我和马家大哥，都竭力约束孩子们，不许他们冒犯了你家的小哥儿们。猪大哥，你也得嘱咐哥儿们，不要来污了我们的栏栅，也不要吃我们的粮食。我们大家和和气气过日子，岂不很好？"

众猪听了，便推一只年轻的猪，出席答覆道："贵会长所说的话，我们自然同意。只有一件，这牧场原是主人的。主人叫我们三家住下，原没有指定三家的墙界，我们人多，家宅又小，自然要到外边来走走。至于吃你们的粮食呢，横竖是你们剩余的罢了。我们不吃，也是白糟蹋了的。你们又何苦不给我们呢？还有一层，我们不都是主人养的么？主人叫伙计替我们整理房屋，给东西我们吃，给水我们洗澡，我们安然享受，也不做工。你们却天天有一定的工作，这样比起来，不是主人爱我们，不爱你们么？主人既爱我们，你们又何苦同我们作对呢？"

老母牛听了，无言可答。摇着头，连说"哞哞哞哞"。那老马听了，也只连声地"嘿嘿嘿嘿"，没有什么说的。到后来还是会长说道："话虽如此，但是主人的意思，我们不能明白，不去说他也罢。我们的话，总是为好，听不听也由诸位去。"众猪胡乱回答了几句，便一哄而出。路上只听得小猪们乱嚷乱叫道："我你我你！""我你赢，我你赢！"

于是老马和老牛彼此谈论道："我们比猪又强壮，又聪明，又有用，为什么主人待我们，反不及猪呢？"

过了几日，只见牧人拣肥的猪都杀了。马牛看在眼里，才明白道："主人不是爱猪，为的是养肥了，好吃他的肉。他们终究活不长的，我们何苦同他们闹呢？"

蜂蜗之争

一日，蜂王率领臣民，闹哄哄地在蜗牛门前经过。蜗母听了，出来发话道："我有十六个孩子，在一张树叶子上睡着。你们这样的胡闹，势必要把他们吓醒了。在我门前经过的虫子，也不知有多少，像你们这样撒野，真是少有的！你不知道这树是我的么？我主人二十年前栽了这株树，我一家都靠着他的果子度日。你们一辈子不长进的野蜂，年年到这里来偷花采蜜，还要吵得我们不安。知趣的早些走罢！不要等我来赶。"

蜂王答道："我们终日辛苦，采花酿蜜，有功于人。你这惫懒爬虫，只会吃现成果子，做不来一些事。世界上有了你们这等没用东西，倒不如没有的好。你不同我说，倒也罢了。你一说起，越显得你们的丑呀！"说完，率领了手下人，展开双翅去了。

蜗母受了奚落，恨得什么似的。眼睁睁看群蜂呼喝而去，奈何他不得，便忙忙奔回家中，对家人道："那野蜂真是我们的仇人，我知他的住宅就在左近。你们快派五个人去，毁了他的家，才消我这口恶气。"

看官须知蜗牛的行路，最是慢的。那五个蜗牛，自领了蜗母之命，走了半月，才到得蜂王家里。恰好群蜂都去采蜜去了，窠里空洞洞的不见一蜂。蜗牛大喜，用尽气力，爬进窠内看时，早觉得一阵阵的蜜香。蜗牛馋涎直流，便不管什么，见蜜便吃。吃得太多，早已醉去，恰好蜂王也率领臣民回来了。

蜂王一眼瞥见五个醉蜗牛，便知是偷吃了蜜的缘故。一时叫他们不醒，只得随他们躺在那里。却吩咐众蜂道："这五个蜗牛，须要用心防他才好。今天晚了，不好赶他出去。容他在此过夜，想来无妨。"众蜂领命，惟总不愿与他们亲近。这原是厌他们不干净，倒没有疑他们是奸细。从前的事情，蜂王早已忘却，不然，也不容这五个蜗牛过夜了。

到了明天，便有许多蜜蜂来告诉蜂王道："我王不好了！昨夜死了三十五个孩子，原来是中了蜗牛的毒！他们趁我们睡着之时，把唾涎吐在蜜中，意思是要毒死我们。请吾王详察！"蜂王听了这番报告，猛然记起前事。便道："怪道这五个东西，来得尴尬。前次我们经过蜗牛家门，曾与母蜗闹过一场，这五个蜗牛，定是他们差来报仇的。且喜发现得早，不受大害。但怨不可结，不如好好儿劝他们去罢。"

蜂王便领了臣民，叫蜗牛出去。蜗牛哪里肯从，蜂王大怒，知道这事非武力解决不可，便下动员令。群蜂得令，个个张开双翅，露出刺刀也似的蜂针。蜗牛见了，吓得魂不附体，忙将身体躲入壳里。蜂王早防他有这一着，便命取出蜡来，涂在蜗牛的壳上，竟活活地把蜗牛闷死。

蜂王既灭了蜗牛，心知这窠不能再住，便率领臣民，另觅新窠，仍然繁盛如旧。

鸡鳖之争

鸡与鳖同住在一家院子内。小鸡见鳖和善，便有意同他顽戏。一天，小鸡对鳖说道："你本来住在山里的，怎么寄居在此地呢？自从你来了，我们的地方，便小了不少。你又不爱干净，主人给水你吃，你把水盆弄翻了；给米你吃，你又散了一地。苍蝇晓得你在这里，齐来看你，这更是讨厌。"

鳖等小鸡骂完了，才回答道："我几曾自己欲来呢？也是没法儿。你们也不用妒忌了，我住在此地，并没有占到你们的地方。大家和和气气过日子就是了，何必与我寻气？"小鸡听了，回答不来，便气愤愤地告诉母鸡。母鸡也怒道："这丑汉倒敢犟嘴，我们同去问他，看他尚有何说。"

母鸡见了鳖，就破口大骂。鳖仍不动气，只答道："我在此地，一声儿不响，在墙角头里躲躲身子，怎么你们还嫌我不好？你仗着人多，存心欺侮我，我也不计较。只是我想你们也不是一生一世住在此地的，你们长大了，主人便欲缚了你们的脚，出去卖钱。我劝你们不要使足了篷。得饶人处且饶人，自己也省了气，岂不是好？"

母鸡听了鳖这番心平气和的话，心想院子并不是我们的，我们不过暂时在此过活，何必认真地与人争气？于是一番怒气，早化到爪洼国去了。

金盏花与松树

金盏花是山上的野花，颜色如火一般红。每逢春日盛开，漫山遍野，一望皆是。金盏花是得意极了，常常夸张自己族大人多，非他花所及。

单表有一丛金盏花，和小松树生在一处，两家做了邻居，同受上天的雨露阳光，没个你多我少，自然和气度日。那金盏花每年四月里开，七月里谢。一年一度，年年红颜灼灼，美丽动人。他见小松树挨寒忍暑地过了一年，却不过长得寸许，因笑他道："你这样蓬松松，像草一般的绿针儿，有什么好看呢？如何能一年四季，不凋不谢？"小松树听了，不答一言。

数年之后，小松树直变成了大松树。金盏花春开秋谢，也不知经历了多少春秋。二家虽仍在一处，却已一高一卑，不如从前那样并肩齐头了。一日，金盏花仰头对松树说道："喂！老邻居呀！我们两家同居已久，本来各过各的日子，彼此都无闲话。这

1942 年 12 月初，茅盾离开桂林前往重庆前，桂林文艺界在月牙山设宴
饯行。宴会上朋友们在一横幅上题诗、作画、签名，为茅盾送行

几年来，你竟越长越大，你的叶儿，又密又多，罩在我们头上，犹如一幅绿油布帐。老天的雨露阳光，原是普施大众的，却被你凭空截住，没半点儿到我们身上。你看我们都憔悴欲死，这都是受你的害，你总得替我们想个法子才是。"

松树听了，只有飕飕的微吟，不答一言。金盏花气极了，脸涨得血一般红，喊道："你好不讲理！常言道，物各有主。你看这山上是你的族人多，还是我的族人多？我们族人，山上山下，到处都有，分明是此山的主人。你不过在此作客，如何倒欺凌主人起来？我劝你不如换个地方去住罢！"

松树至此，实在耐不住了，低头答道："这山上究竟谁是主人？我们二个，总之都不是，不必说他了。你说我拦住了阳光雨露，使你不能吸受，果然果然。但这不是我故意欲和你为难，天生成如此，我也没法。"

金盏花听到此处，抢口说道："你倒说得好听，你是没法，我们性命关头，也好任他没么？不必多说，还请你快快搬场为是。"松树仍旧冷冷地说道："我的根入土也深，躯干也重，枝叶也多，搬场很不方便。你一年一枯，身子也小，搬场很容易，没奈何只好屈你另居。谁教你生得这般矮小，又谁教你住在我旁边呢？"金盏花听了，始知势力不敌，徒争无益。竟依了松树之言，悄悄儿躲开去了。

在下还有几句话道：凡人总有一个分际，身分高的和身分低的同在一起，是合不来的。身分低的再想和身分高的强争，更是无益。须要估量着自己的力量，原谅别人的难处。若是一味倔强，终究是自己吃亏。金盏花和松树一段故事，命意只是如此。看官不要看错了才好。

以镜为鉴

张先生一天买了一面大着衣镜，放在书房中间。那镜子好不晶莹可爱，走过的人，没有一个不喜欢照一照。张先生的儿子，才得四岁，生得粉团玉琢，十分可爱，也来照这镜子。

那孩子一到面前，见镜中也有一个孩子，嬉眉笑脸地向自己走来，心中大喜。不知是自己之影，认做另是一人，唤道："你来同我玩么？"镜中的人，竟不回答。又向他招手道："你跟我来，只管躲在那里做什么？"镜中人也招招手，却总不开口。张家孩子心想："他听不到么？等我走近些，再和他说。"便走前两步，只见镜中人也走前两步；他不动了，镜中人便也不动。

张家孩子此时诧异极了。心想："这个怪人，到底是谁呢？怎样只顾学我呢？好意儿同他说话，他竟不回答。敢是不愿意同我玩么？可恼可恼！"他心里这么一想，小脸儿上早放出一副怒容。再看看镜中的怪人，也是怒容满面，睁着眼对自己，很有寻气的样子。不禁心中大怒，用手向镜中打去。啪的一声，反把小手儿打痛了。于是带哭带喊，逃出了房。一见张先生，便告诉他如此这般。

张先生道："你见的是你的影子，哪里真有人呢？但是借此你可学些乖。你从此以后，再不要装出怒脸给别人看。你欲怒别人，别人亦就怒你。再不要举手打人了，你要打人，反打了自己。我的儿呀，对人总要和气。镜子里的是假人，尚且不可怠慢，真人更不必说了。"

兔娶妇

某处大树林中，住有一兔一狐。他们算是老邻居，见了面，都是很客气的。狐狸生性狡猾，本来难以做伴，但兔子的心计，也还不弱，狐狸无隙可乘，平日间你来我往，倒还没有闹过什么乱子。一天，狐狸在林中遇见兔子，见他满面喜气，极有兴致。狐狸因唤住兔子问道："老朋友，你一向到哪里去了？我有一个多月不见你了，今天见你，又是这般快活，到底为了什么？"

兔子满面春风地回答道："是呀，我们许久不见了。你知道我近来交了好运么？"狐狸听兔子说交了好运，忙道："原来如此，怪不得你欢喜。究竟是什么事，好讲给我听听么？"

兔子笑道："有何不可！其实也没什么大喜事，不过我娶了猫儿做老婆了。"狐狸哈哈笑道："你真幸福，你该一天到晚开口笑了。"

哪知兔子摇头道："谢你好意，只可惜我的幸福，没有你想的这么大。"狐狸吃一惊道："这又是怎么说呢？"

兔子道："不瞒你说，我的女人很凶，气力又大，脚上的爪，就如钢刀一般，动不动要打我。"说着，指小膊上一条伤痕道："你看，这就是证据了。"

狐狸听了，又看了，着实替兔子可怜，说道："这么说来，我不应贺你。你好没造化。"

兔子又摇头道："谢你好意，我还不至如你所想的这么不幸。"狐狸听说又不是，看着兔子，只管发怔。兔子接着说道："我女人带了很大的一份家私来，我们现在住的是极精致的房子了。"

狐狸才明白过来，说道："你还是有幸福。"兔子道："这倒又不然，那房子前天烧了，连妆奁也烧掉。什么都没有了。"

狐狸不觉大惊道："呀，烧了！我真替你可惜，你真不幸。"兔子反笑道："这倒又不然，我正欢喜咧。你可知房子虽然烧了，我的猫妻，也跟着烧死，再也不能抓我了。"狐狸听了这话，恍然大悟，对兔子道："我明白了，你今天这么高兴，原来为此。"

鼠择婿

　　且说老鼠村里，有个老黑鼠，算是老鼠村里的前辈。他有个侄女儿，唤做小白鼠，生得浑身白银也似的白毛，鼠家村里寻不出第二个。众老鼠都称赞她美丽，老黑鼠自然十分得意，常说："我的侄女，该配个天神，老鼠队里尽是灰扑扑的嘴脸，天然不是侄女的配偶。"

　　这时鼠家村里还有一个小黑鼠，在小雄老鼠中，也算得最漂亮。他也常常自负，心想娶小白鼠为妇，特到老黑鼠家里求亲。老黑鼠听了，只是冷笑道："论足下的才貌，原算吾们村里第一。但吾侄女是天仙中人，怎好嫁你？我劝你快息了这个念头罢！"

　　小黑鼠讨了一场没趣，只好闷气回家。老黑鼠见小黑鼠去了，独自想道："还是把侄女的亲事，快些定妥为要，省得众人再来噜苏。"当下打定主意，立即上天去，看有什么相当人没有。

　　老黑鼠跑到天上，劈头就见那有光有热的太阳。

老黑鼠想道："天上就算太阳最尊贵了，且先问他一声。"因抬头向太阳问道："太阳先生，你一出来，地上就有了亮光，你火把也似的热光，射在田间，射在各种草木上，五谷百草，便能生长。我想你是世界上第一有权有势的了。"

老黑鼠话未说完，太阳金黄黄的脸上，早露出不快的样子，抢着打断老黑鼠的话头道："你不知我的苦，当我是至尊无上了。我实在常受人欺侮。但看这云，他要把我遮住，不与人相见，便立刻将我围住。我奈何他不得，只好忍受。岂不是云的权力还比我大！"

老黑鼠听了，暗自惭愧。他本来想提起小白鼠的亲事，如今听说太阳不及云的权势，便把此念打消，一心去找云。当下别了太阳，赶到东海边去寻他。见了云，老黑鼠道："云先生，你能遮蔽太阳，你的权力，怕算得天下第一了。"

云摇头道："不对，不对。可怜我脚跟无线，全凭风搬弄。风要我东，我只好到东，风要把我吹做几块，我便变成几块。"说着，早有一阵风来，把云吹得连爬带跌，无影无踪去了。

老黑鼠见了，只是发怔。转念道："我只找风就是了。"想罢便急急赶上前去。赶了一程，果然追到。只见风被一座高墙挡住，急得乱转。老黑鼠上前几步，迎着风说道："风先生，你能吹云，你定是天下最有权力的了。"

风呜呜地发声道："你还说哩，你不见我今受困于此，奈何不得这垛墙么？墙比我还强。"老黑鼠听了，想道："原来风还有人制他，说不得，让我再去问墙。"

老黑鼠忙从空中落到地上，对那墙说道："墙先生，风和我说，你能挡他。看来世上惟你最强。"墙板着那又厚又白的面孔道："你看我这样高厚，风也能挡，却不知鼠家村里的小黑鼠，天天来钻洞，早把我钻得七穿八漏，身不完全，不久就要坍倒了。我自保都不能，亏你还说是世上最强的。"

老黑鼠听得小黑鼠三字，连忙跳起来问道："是哪个小黑鼠？"墙指前面道："这不是么。"老黑鼠回头一看，只见跳过来的就是前日来求亲的小黑鼠。对了他，禁不住满面惭愧，猛然省悟道："我跑了这半天，想找个世上最有权势、无人能制的人，却竟找到了小黑鼠。罢了罢了！可知完全无缺的人，竟没有一个。万事只好将就些，看得自己太好，看得别人太没用，想要称心，到底终不能称心。这不是白忙，白糊涂么？"竟将小白鼠许了小黑鼠。

狐兔入井

　　有一次，群兽大会，为要开垦一所荒地，种植五谷，于是由狮王指派狐、兔、犬、羊、牛、猫等兽，轮班做工。众兽奉命，一齐着力，有爪的用爪爬，有尖嘴的用嘴拱，做了半天。兔子已觉很倦，爪也伤了些，却怕旁人说他偷懒，还是勉强做去。

　　这时正在六月，火也似的太阳，好不可怕。兔子越做越热，末后再也耐不住了，便悄悄地走开，想找个阴凉去处，歇息歇息。走不多远，早见小小一个亭子，亭下有口井，井上吊着一只木桶，有绳索连在亭子的梁上。兔子看了，不知此是打水的辘轳，想道："这桶挂在亭子底下，太阳也射不到，想来一定凉快，跳进去睡他一觉，岂不美哉。"

　　兔子为要贪凉，也不虑前顾后，轻轻一跳，就跳上了井阑，由井阑跳进桶中。说时迟，那时快，兔子刚刚脚着桶底，只听得辘辘辘辘的声音，那桶直向井中挂下。兔子心想不好，要掣绳子止住他，也不中用。顷刻之间，扑通一声，桶已碰着水面了。却喜这一碰之后，桶竟停住。

兔子在桶里，向上一看，只见有缸口大的一团亮光，想来是天了。再向下一看，不禁呀哟一声，原来底下是水，离桶口不过几寸。桶又略略歪着，那水渐渐流进，眼见得顷刻之间，桶中水满，自己要淹死了。

兔子正在着急，恰好来了个救星。看官道是谁，原来是一狐狸。狐狸本来也在做工，却时时偷眼看兔子做什么。兔子走开时，狐狸早已看见，便悄悄地跟在兔子后面。他见兔子跳进了桶，就沉了下去，正在莫名其妙。

狐狸等了一回，见兔子竟不出来，心中更是疑惑，忍不住跳上井阑，向下张望，只见乌黑黑的不辨一物。兔子在下面却看见了，连声喊道："狐大哥，你来得真好呀！"狐狸问道："你在下面干什么？"兔子便撒谎道："你还不知道么？这里有大堆的银子，取之不尽，我正苦没力气搬哩。"狐狸听得有银子，只要弯身去拾，眼热极了，连忙问道："我下来帮你搬，老兔！你赞成么？"

兔子大喜道："这再好没有了。"狐狸听了，心里喜得发痒，又问："怎样下来呢？"兔子道："你跳进上面那个桶，就可以下来了。"狐狸连声道是，就跳进了桶。

狐狸既跳进了桶，那桶重了，自然沉下。兔子比狐狸轻，自然升了上来。一上一下，刚刚在半路上碰着。狐狸见兔子一路上去，自己一路下去，暗暗诧异。只听兔子对自己说道："狐大哥，下去要小心呀！留心你这套美丽的外褂，被水打湿。"

　　狐狸听得不是路，急喊道："老兔，你说什么？我们一同去拾银子呀！怎么我下来了，你倒上去呢？"说着，想攀住那绳，其实哪里攀得住。兔子的桶，只顾辘辘辘辘向上而去。单听得兔子在上面哈哈大笑道："你又糊涂了，世间的事，可不是有一个上前，就有一个落后么？今你落下，我自该升上，这玩意儿你还不懂么？我劝你且安心等着罢，等再有人欲来拾银子，你也可以上来了，忙什么呢！"

　　狐狸听了，气得要死。正要开口，早已扑通一声，浸入水中。后事如何，不消在下说得，看官自己也能猜着。这总算是狐狸贪财的报应了。

大槐国

　　唐时东平县里，有个淳于棼。父亲曾做边将，兵败，投降蕃人，久无音信，存亡不知。淳于棼自幼便喜刺枪弄棒，结交朋友，专好替人排难解纷，不务正业。只因学得一身好武艺，倒也得人看重，在淮南军中，做了一名裨将。

　　淳于棼既做了官，是有职位的人了，应该谨慎小心，方是正道。他却老脾气不改，仍喜打架生事。一天，又吃醉了酒，使气骂人，被主帅听得，唤去告戒一番。淳于棼酒在心头，话在口头，不免顶撞了几句。主帅大怒，便将他逐出营门，革了裨将之职。

　　淳于棼失了官职，却也毫不介意，仗着家资富足，就在广陵（即今扬州）城东，买了一所大房子。一天到晚，无非呼朋唤友，饮酒作乐，无拘无管，倒也爽快。他住宅之南，有一片大场，场中一株槐树，长得粗枝肥叶，匝地漫天，如一顶绿布幔，把几亩大的场子，都罩住了。淳于棼的日子，大约有一半在这槐树下过的。

一日，正是九月天气，淳于棼备下佳肴美酒，请了两个朋友，在树下痛饮。知己相逢，不觉多灌了几杯，醉得如泥人一般。朋友便扶他到家，在一座小厅中睡下。他们自去洗足喂马不题。

淳于棼在小厅独睡，恍惚之中，见两个紫衣人，拜倒床前，口中说道："小人们奉槐安国王之命，特来相请。"淳于棼立即下床穿衣，跟了使者便走，到了门首，早有一辆青油小车，白马一匹，皂隶模样的人六七个，悄悄儿候着，服侍淳于棼上了车，一齐向场上的槐树而去。到得树旁，那车马直向树穴里去了。

进了树穴一看，哪里是黑洞洞的树穴，竟别是一个天地。约行数十里，到了一座城池，车即进城。城中极是闹热。紫衣使者，一路上厉声高呼，命街上的车马让路。车马行人见了，都纷纷地避在两旁，甚是恭敬。行不多时，又进了一座城，城门上重楼杰阁，屋角高飞，轩窗洞启，好不壮丽。朱漆大门上，白石匾额，嵌着"大槐安国"四个金字。

淳于棼之车，在此停住。紫衣人下车，通报进去。便有一人骑马而至，高声道："大王有旨，驸马远来疲乏，且在东华馆休息一宵，明日进见。"紫衣人等遂簇拥着车马，再到一处，请淳于棼下车入内，这便是东华馆了。

东华馆的繁华，一言难尽：盖造的是雕梁画栋，铺陈的是绣褥珠帘，侍候的是俊童美婢，受用的是海味山珍。淳于棼喜出望外，也不想到此事的古怪了。少停，报说右相将到，淳于棼连忙整衣下阶，迎接那紫衣金冠的一位官员。宾主相见，坐定了。右相开言道："敝国君主，爱先生大才，忘其鄙陋，愿结为婚姻。"淳于棼略略谦谢，便请右相同至宫中，拜见国王。

到得宫中，但见千门万户，剑戟森严，果然王家气概。淳于棼几曾见过这种势派，此时只是目瞪口呆，局促不安。忽见侍卫中有一人，是平日的酒友，名叫周弁，怪他何以也在此处。此时又不便问讯，只得闷在肚里。

不一会，已到正殿，内侍传唤进见，淳于棼随他进去。见殿上一人，身材高大，相貌堂堂，白袍朱冠，端坐椅上。这便是槐安国的国王了。淳于棼拜见已毕，听得国王说道："寡人次女瑶芳，尚未许字，前与令尊商量，以此女奉事足下，已得令尊许允，故遣使奉迎。"淳于棼又惊又喜，俯伏地上，不敢说一句话。国王又说道："现在且在东华馆暂住，待一切齐备，再成嘉礼。"说罢，命右相引淳于棼出宫，仍至东华馆歇息。淳于棼无意之中，做了槐安国的驸马，好不得意。

槐安国的官员，听得新驸马已到，都来拜见。这趋炎奉势，原是做不厌的把戏，看不穿的西洋镜，不足为奇。内有一人，姓田，名子华，本是淳于棼的旧友。相见之后，叙起旧日之事，异常亲密。淳于棼又问起周弁，田子华道："周弁如今是贵人了，官为司隶，声势极大。"淳于棼道："原来如此。"数日之后，与公主纳聘成婚，少不得有一番热闹，不必细表。

淳于棼自做了槐安国的驸马，登时阔绰起来，衣食住三项，般般适意，自不必说。来往的人，不是皇亲，定是国戚。加之公主又美貌，又贤慧。至于国王，自然丈人看女婿，越看越爱。淳于梦早把广陵城南的第宅，槐树底下的景致，一概忘去，只顾享受目前的快乐了。

常言欢娱嫌短。淳于梦在槐安国内享用富贵，转眼之间，已是秋尽冬来。冬景寂寞，国王安排法驾，挑选兵马，动了打猎的兴致。打猎的地方，在都城西面，灵龟山下。淳于梦自然相从。看他跨了白马，穿了锦袍，在猎场上东驰西骋，箭无虚发，射得飞禽走兽无数。上自国王，下至百姓，没有一人不喝彩的。淳于梦兴兴头头回宫，见了公主，把猎场上的光景，述了一遍，公主也是欢喜。

公主因劝淳于梦何不出去做官，免得埋没英才。但淳于梦自小只知斗鸡走狗，饮酒击剑，有甚安邦的妙策，治国的经纶。今见公主相问，便直说缘由。公主笑道："不妨，你但挂个名，我替你办理。"说罢，公主径自入宫，奏闻国王。国王立即应允，使淳于梦为南柯郡太守，许带公主随任。淳于梦拜谢已毕，又上表请调周弁为南柯司宪，田子华为南柯司农。临行之时，国王特为饯行，赏赐金银珠玉，不计其数。

看官须知，南柯是槐安国内第一城池，热闹富庶，与京都不相上下。淳于梦又是驸马，威势权力，除却国王，还有何人及他？外有周田二人，内有公主相助为理。淳于梦逍遥坐镇，太平无事，政绩甚好。真个万家颂德，比户感恩，连任二十年，国王得知，特封为侯爵。公主所生的二男二女，也都婚配王族，功名富贵，都到极点。

岂知富贵繁华，容易消歇。淳于梦守南柯二十年，正是极得意极顺利时候，忽然有个檀萝国，来伐南柯。边疆上告急文书，雪片也似的飞来。淳于棼命周弁领兵三万，前去征讨。

周弁仗着一勇之气，不把敌人放在眼里。岂知檀萝国兵强马壮，志在必胜，也不是好惹的。两军约定日子，下了战书，厮杀一场，周弁大败，三万人马，生还的不到一半，遗失辎重铠甲，不计其数，周弁连夜逃回南柯，此时衣甲不全，赤着身体，见了淳于棼，放声大哭。淳于棼见他这副形状，知是战事不利，因此日夜忧虑，不知如何是好。

淳于棼自到南柯，一向过的是称心日子，如今大将败回，敌人逼境，已急得束手无策。公主教他囚了周弁，申奏国王，候旨发落。因周弁是淳于棼一力保荐的，如今出了岔子，固应自行检举，且可卸去自己罪名。

淳于棼再调兵马，抵敌檀萝，但自周弁败后，兵气已衰。淳于棼深恐再打败仗，敌兵直到城下，那时身家性命，安得保全；荣华富贵，转眼成空，因此镇日里长吁短叹，愁做一团。

好容易熬了四五日，淳于棼已瘦了许多，连公主也替他着急。国王圣旨已到，内说："周弁素日忠勇，此次败，应免其罪，仍令照旧供职。驸马守南柯二十余年，政绩卓然，予甚嘉之，特晋爵一级，赏金千两，以示国家报功之意。"淳于棼得了这道温旨，自然转忧为喜。又据探子报说，檀萝国虽然得胜，却也死伤甚多，因南柯郡援兵已到，连忙收兵退去。此时槐安国境，已无敌人踪迹了，淳于棼更加大喜。

天下的事，往往祸福相连，可喜的未必可喜，可忧的未必可忧。就如淳于棼得了温旨，退了敌人，岂不是天大的喜事？哪知他的祸事，又跟手而来。看官们皆知他的幸运，是靠着公主得来的。岂知好端端的公主，竟会一病而亡。淳于棼终日悲痛，无心政务，只得解了南柯太守的职务，护丧归京，遗缺委田子华代理。

淳于棼自公主死后，便不再做官，只在京中闲住。他本性好客，做南柯太守时，食客三千，座上常满。今虽闲居，豪情还在，宾客多了，难免鱼龙混杂，贤愚不分，便不免在外生事。国王知道了，自然要疑到淳于棼身上。再则淳于棼久镇外藩，一切排场，都和国王仿佛。在南柯郡时，横竖天高皇帝远，还不打紧，辇毂之下，怎得放肆？应该谨饬些才是。淳于棼仍是照旧，所以国王心中更加不悦。

过不多时，又有人参了淳于棼一本。国王把他的门客，尽驱逐了，并禁止淳于棼出游。一个威势赫赫的驸马爷，顿时做了无形的犯人。淳于棼平时何等得意，一朝失势，自然抑郁寡欢。一日，国王向他道："卿离家日久，可暂归里，一见亲族。三年之后，当再差人相迎，四甥无人照管，尽可留养宫中，可勿记念。"遂命前次相迎的两个紫衣使者，送淳于棼归家。此时淳于棼一无威势，满朝官吏，也并没有相送的，冷清清出了国门。

不消一盏茶工夫，已出穴口，见了本里街巷，又见了自己家门。忽然已醒，张眼一看，原来仍睡在家中小厅上。同饮的二客，洗足未毕，墙上日影，还未移过。二十年富贵，只是一场大梦罢了。

淳于棼连呼怪事，定了定神，将梦中情事，对二客说了。同至槐树下寻时，只见一个大蚁穴，中间土堆略高之处，有两个大蚁，都有三寸来长，白翼红头。淳于棼叹道："此即槐安国国王了！"又见南枝上，又有较小的一穴，淳于棼又叹道："此即吾所治的南柯郡了，看来人世富贵，也不过如此。"淳于棼从此看破一切，争名夺利之心，消化到无何有之乡去了。

千匹绢

唐朝开元年间，南方洞蛮造反。看官知什么叫做洞蛮？原来蜀汉之时，南方有九溪十八洞，皆是蛮夷所居。自为武侯征服之后，历晋至唐，相安无事。武则天为帝之时，因欲买服人心，归附自己，把九溪十八洞的蛮民，每年一小犒赏，三年一大犒赏，花费钱粮不少。玄宗即位之后，把这注犒赏，都裁革了。蛮人不讲道理，赏时不见好，减时便见恶。因此举兵造反，以图雪愤。

那时朝命李蒙做姚州都督，调兵进讨。李蒙受命，先到宰相郭元振处辞行。元振有个侄儿，名唤仲翔，生得文武全才，豪侠仗义。元振想凑着机会，替他谋个官职，今见李蒙出师，便唤仲翔出见，向李蒙道："舍侄仲翔，颇有才干，今教与将军同行，将来将军破贼立功，舍侄也好攀附成名。"李蒙唯唯答应，即命仲翔做了个行军判官。仲翔拜辞伯父，跟着李蒙起程。

仲翔于四川地方，素无朋友。一日行至剑南，有人投进一封信。打开一看，乃是遂州来的。发信人是吴保安，现做东川遂州方义尉。虽与仲翔同乡，却从未识面。信中大意说："保安与足下虽未相识，仰慕已极。以足下大才，辅李将军荡平小寇，成功即在旦夕。保安苦学多年，仅得一尉，官小路远，家乡万里，况此官任期已满，流落他乡，将成饿莩。久闻足下分忧急难，有古人之风。今大军出征，正在用人之际，倘垂念同乡之情，使保安执鞭相随，稍效驰驱，感恩不尽。"

仲翔把信细看了一遍，叹道："此人与我素昧生平，却怎地深信，竟以身家相托，真是我的知己。大丈夫不能替知己出力，岂不愧死？"从此见李蒙时，常夸奖吴保安之才，欲调来军中效用。李蒙听了，便行文到遂州去，调取方义尉吴保安为书记。才打发差人动身，探马来报，洞蛮将要逼近营寨了。李蒙连忙迎敌。见蛮兵正在抢掠财物，不做准备，大军一到，早已四散奔走。唐兵乘势冲击，杀得蛮人大败。李蒙追赶五十余里，方才扎营。

仲翔见李蒙深入敌境，因谏道："蛮人多诈，其势尚强，我军不宜深入。"李蒙自恃其勇，哪里肯听。到了明日，一发前进，走了数日，直到乌蛮界上。只见千山万岭，树木重重，辨不出一条路来。李蒙大疑，传令安营停进，差人探路。

忽然山谷之中，鼓声四起，蛮兵穿林渡岭而来，如鸟飞兽走，全不费力。唐兵为蛮人围住，死力冲突，终逃不脱。李蒙叹口气道："罢了！罢了！如早听郭判官之言，哪有今日！"遂拔出短刀，自刺其喉，左右奔救不及，死于马下。军士见主将已亡，纷纷逃散，都被蛮人掠去。郭仲翔也在其内。

蛮人把捉住的汉人，分与各洞头目。功多的分得多，功少的分得少。各头目将所得的汉人，任情驱使，直同牛马一般。汉人到此，真是求生不得，求死不能。蛮人又想出新法，将掳得的官员，许他寄信到家中去，出钱来赎。被掳的人，哪一个不想还家；家中得信，哪一个不东拼西凑，备足了钱，前来赎身。蛮人借此敲诈，随你孤身穷汉，也欲勒取好绢三二十匹。上一等的，更不必说。郭仲翔是在本洞头目乌罗名下，乌罗闻知仲翔是当朝宰相之侄，视为奇货，索绢一千匹，方得赎回。

仲翔想道："若要一千匹绢，除非是伯父那里，方可办到。只是路途遥远，怎得便人寄个信去？"忽然想着吴保安，可以相托，又想："我与他无半面之交，只见得一封信，便力荐与李都督，召为书记。想他必然感情，此番幸他来迟，未曾遭难。现在料他已到姚州，只消托人带信与他，央他转寄长安，岂不甚便。"乃写好一信，备说兵败被捉情形，请保安速为转达京中，早早来赎。其时恰好有个姚州解粮官，被赎放回，仲翔便将此信托他带去。

且说吴保安自接了李都督调取的文书，知是仲翔之力，心中好生感激。便留下妻张氏，和未满周岁的孩儿，仍在遂州住下，自己带领仆人一名，飞身上路。赶到姚州，始知李都督早已阵亡，情势皆变。正是："只因一着错，遂致满盘输。"

保安此时不管别的，且打听仲翔下落要紧。东探西问，一无消息。正急得不可开交，恰好解粮官从蛮洞放回，带了仲翔的信来。保安拆开看了，心如刀割。此时一心想救仲翔，等不及回家，就从姚州进发，直走长安。姚州到长安，足有三千多里路程，那时交通不便，吴保安昼夜赶路，行了一月，方到长安。去寻郭宰相时，谁知元振已亡。他的家小，已于一月之前，搬回原籍去了。吴保安此时，弄得进退两难，在长安道上，走来走去，想不出一条计策来。寻思元振既死，就是找到他的家小，也是无用，不如且回遂州，或者还有法子可想。主意既定，便欲赶回遂州，只是旅费已尽，如何行得。不得已只好将仆人和马匹卖了钱，来做盘川。

保安回到遂州，见了妻子，放声大哭。张氏慌问缘故，保安将仲翔失陷蛮中，自己到长安去找郭元振，又不凑巧的事，说了一遍。又说如今要救他，争奈自己无力；若不救他，使他在蛮地受苦，我心何安。

说罢又哭。张氏劝道："常言道：巧妇不能为无米之饭，你已尽心救他，到京去过，不是你不忠，是他无命，哭也无益。"保安道："我从前偶然去了一封信，仲翔即荐我为管记。今他在蛮中，有性命之忧，事急求我，岂可以力不从心四字，自欺欺人。"遂不听张氏之言，将家中所有，尽行卖去。看官须知保安本是一个穷官，有甚值钱的东西？仆马早已卖去，如今极力搜括，连略好的衣服，略整齐的家伙，统卖去了，也只得了二百匹绢。

保安心中，却早已有个打算，他先送信给仲翔，告知他伯父的情形，又教他安心等待，必定设法相赎。保安取了这二百匹绢，撇下妻子，去做买卖，又怕远了，不得仲翔信息，故只在姚州左近一带，贩贱卖贵，身穿破衣，口吃粗粝，一钱一粟，不敢妄费，都积下为买绢之用，就是家中吃用，也没寄过。整整积了十年，才凑得七百匹绢，还未足千匹之数。保安更加勤俭，誓不赎回仲翔，不再回家。

再说吴保安之妻张氏，同一岁的孩儿，住在遂州，无依无靠。保安初出门时，尚有人看县尉面上，一餐半顿，小意周旋；过了几年，保安的踪迹，竟如风筝断了线，与家中绝无音信，也就没人理他了。所有值钱的东西，又早被保安卖去，只靠着十指糊口，捱到十年之久。孩子渐长，费用愈大，无可奈何，只得把几件破家伙一并卖去，当作盘缠，也说不得抛头露面，领了十一岁的孩子，同往姚州，去寻丈夫。

从遂州到姚州，足有千里之远。一个妇人家，带领了小孩子，盘缠又少，如何去得？张氏勉强上路，到得姚州界上，离城还有数百里，却已两手空空，一个钱都没有了，自恨薄命，不如一死，却又舍不得孩子。左思右想，肝肠如绞，坐在乌蒙山下，放声大哭。来往的人听了，虽觉可怜，然也爱莫能助。正是关山难越，谁悲失路之人；萍水相逢，尽是他乡之客。

古人说的，穷极则通。吴保安的太太，此时已到了山穷水尽的境界，正在没法之时，忽有新任姚州都督杨安居，率领兵马到任，适从这条路上经过。听得张氏哭声，料去必有难言之痛，因停车相问。张氏攙着孩子，含泪上前，说道："妾是遂州方义尉吴保安之妻。丈夫为朋友陷落蛮中，欲营求一千匹绢，赎他回乡。争奈家贫无力，迫得变卖家产，出外经商，想凑足一千匹绢。住在姚州，十年不归，弃妾母子二人，贫苦难堪，千里相寻，到此盘川已完，思量无计，所以痛哭。"安居听了，意极感动。因道："夫人勿哭，我今将往姚州，当在前面驿站相等，夫人随后即来，那时自有区处。"说罢自去。张氏也收了眼泪，重行上路。到了驿站，与杨安居见面，安居给予路费，又代备一辆车，以为代步。自己率领人马，望姚州去了。

杨安居一到姚州，即访保安下落。不上二三日，便已寻到。引至衙门相见。安居执保安之手，说道："我读书见古来仗义之人，好生羡慕，私念此等人，今日难得，不意复见兄。兄为一个不相识的朋友，吃尽辛苦，十年不变。如此风义，古人也少。若非路遇尊嫂，怎知天地间尚有这般好人。"保安听了，知妻子为穷极了，自来投靠，心中未免着急。又听杨安居说他好，倒不觉惭愧起来。安居问："你苦了多年，需的绢还缺多少？"保安据实对了。安居道："我初到任，恨无余钱可以相赠，姑且在库内借官绢四百匹，助兄成功。兄可急去赎人，尊嫂到来，自有弟照料。"保安知安居是一片热心，遂不推让，拿了四百匹绢，合自己的七百匹，共是一千一百匹。径到边界，找着熟番，托他办理仲翔之事。将一千匹绢赎仲翔，余下的一百匹，给予熟番，以为酬劳。

且说仲翔自托解粮官带信与保安之后，日日盼望回信。好容易等了两个月，方得保安之信，才知伯父已死，保安将自去设法来赎。心中又是感激，又是烦闷，只得耐心等待。初时乌罗蛮指望有人来赎，相待还好。过了一年，不见动静，乌罗心中不悦，便命仲翔喂象养猪，操作苦工。仲翔打熬不过，遂行了三十六着中的上着。一日，乘乌罗出外打猎之时，带了粮食，向北逃走。蛮中之地，尽是高山峻岭，走了一昼夜，两脚尽穿，流血满鞋，蹲在路旁，不能再走。为看象蛮子见了，上前捉住，送归原洞。乌罗发恨，把仲翔转卖与南洞洞主。

南洞离乌罗洞，有二百多里。这个洞主，生性更恶。得了仲翔，百般虐待，略不称意，便用藤鞭抽打，背上常青。仲翔吃苦不过，因再逃走，奈路径不熟，只在山凹内盘旋，又被蛮子捉回，献与洞主。洞主又转卖与更南一洞，洞名菩萨蛮。

仲翔在菩萨蛮洞中，住了一年，比前更苦。逃入荒山，暂时躲避，仍被捉回。菩萨蛮洞主，更卖与别个洞主。那个洞主，闻知仲翔屡次逃走，大怒道："你会逃，我有教你不逃的法子。"叫小蛮子取了五尺来长、四寸来厚的木板两方，命仲翔立在板上，将长钉从脚背上钉下，直透板皮。仲翔大叫一声，痛极晕去。脚上疮口，过了二年，方才痊愈。从此足下多了两块木板，行走不便，不能再逃。洞主又格外作恶，夜间把仲翔关在一个地洞内，洞口的门，每夜亲自锁闭。如此七年，真比地狱还苦。

保安只知仲翔陷落蛮中，哪里知道他这般受苦，又有这等转卖的纠葛呢？幸亏差去的熟蛮，深知一切。便先找乌罗蛮，问他要人。乌罗追问南洞洞主，南洞洞主又追问菩萨蛮。如此寻根究源，方把仲翔赎了回来。那脚上的两只长钉，日久疮愈，已同生成一般。此时将他拔出，只痛得发晕过去，醒来不能走路。好容易抬到姚州，憔悴不堪，三分像人，七分像鬼。见了保安，相抱大哭，两人至此方得识面。

　　杨安居本是郭尚书的门生，见了仲翔，更加悲伤。另拨房屋，与二人居住。把好酒好肉，与仲翔将息，仍旧用为判官。仲翔痊愈后，吴保安欲进京补官，安居极力替他张罗，送了许多钱帛，又写信给长安的贵人，称赞他弃家赎友之事，力请放个好缺。姚州一府的官吏，见都督如此，也各有帮助。保安把各人送的，分一半与仲翔，仲翔不受。保安苦苦留下，二人洒泪而别。保安仍带妻子，到遂州住下。自己径往长安，得了四川眉州彭山丞之职。

　　在下说到此处，已把吴保安弃家赎友的一段故事，交代明白。若问二人的下落，并郭仲翔让官报恩之事，在下暂且停一停，要把他另做一本童话了。

负骨报恩

《千匹绢》那本童话，说到吴保安弃家赎友，千辛万苦，赎出郭仲翔。诸君看过了，必定赞叹吴保安的为人，真真难得。他所做的事，比郭仲翔替他做的，难到百倍。就是历史上所说的管仲、鲍叔，范式、张劭也没有吴保安这般义气。郭仲翔似乎不及。

看官且慢说着，须知郭仲翔也非等闲之辈。他受了吴保安天大之恩，何曾忘去。他的报答，也是出乎常情之外，至此方知吴保安眼力不差，当初抛弃家小，救他一场，也值得了。

这本童话所说的，就是郭仲翔报恩之事。却先要请看官们把他们上半截的事情，记清楚了，看去便有头绪。编者所以特地重提一笔。

话说郭仲翔自与吴保安分手之后，只在杨都督处办事，心里却挂念着保安进京补官之事。过了数月，京中官报到来，才知保安放了四川彭山县的县丞，心中好生欢喜。接着又得了保安的一封信，信内叙些别后之情，并谢杨都督的照应，又劝仲翔到京做官。说有两层好处：一可替国家做点事业，二可侍养老亲。

看官须知，仲翔自陷落蛮中，直到如今，总没有接得家中一信。家中自闻李蒙兵败，不知仲翔下落，好生着急。打听了几次，没有消息，便疑仲翔已死，哭了一场，只索罢休。此因当时交通不便，既没有如现在的邮政，就如老式的信局，也没有的。出外之人，要寄家书，不是专差递送，便逢着便人托带，所以十年八年不通信，算不得希罕。仲翔在蛮地之时，自然日夜思念父亲，无奈身体尚不能自由，安能寄信。如今到了姚州，虽然有吃有穿，件件齐备，却是寄信一层，还办不到。思亲之心，自然更切。看了保安这封信，不觉打动了他的愁肠。

自此以后，仲翔日夜思归，只有二件事，委决不下。第一是盘川无着；第二是受了杨安居的厚恩，未曾报答，不便就走。左思右想，还是暂住为是。

仲翔在蛮中住过十年，蛮人的风俗，全都熟悉。他知道蛮地女子，耐劳忍苦，性情和善，相貌也尽有看得过的，蛮人重男轻女，故此身价很低。仲翔在杨都督处住了年余，手头有些积蓄，便托了个熟番，到蛮洞中购买年轻蛮女十个，都要相貌端正、性情温柔的。买到之后，仲翔又亲自教导，不消数月，一应礼节，都已习熟，便亲自带领，送与杨都督。

仲翔见了安居，先将回家省亲的话，说了一遍。又道："某从蛮洞回来，两手空空，一无所有，而且一身是病。明公解衣推食，某之一丝一缕，都是明公所赐，此恩此德，没世难忘。争奈家中尚有老亲，十数年未见一面。今不得已，将辞别明公回去。这十个蛮女，经某尽心教养，略略懂得中国规矩，特送与明公，略表区区之意。"

安居早闻仲翔购买蛮女之事，却不知仲翔的用意。今见说为报恩之故，送与自己，满口辞谢道："赎兄回国，乃吴保安之力，我不过略略相助，有何恩德？况我不少使唤的人，留此无用。吾兄家有老亲，正该带回侍奉，以尽孝道。"

仲翔定要留下。杨都督见推辞不过，乃唤出最小的女儿来，叫他在十个蛮女中，挑取一个。他女儿挑了个最小的蛮女，杨都督遂把其余九个，还了仲翔。指着女儿对仲翔说道："此是我最小的女儿，素常爱怜，今留下一小口做伴，总算已领盛情了。"

仲翔见杨公坚不肯受，只索罢休。把九个蛮女，分赠与杨公帐下的九个心腹将校，就借此表扬杨公谦让之德。

仲翔决计回家，行期既定，姚州一府的官员，都忙着替他饯行。一连闹了几日，方才打发清楚。末了是杨公饯行。酒酣之后，杨公道："老师在日，门生故旧，很是不少。吾兄此番进京，总有照应。但是人情冷暖，俗语说人在人情在，深恐目下不比从前。我已修好一表，密保仁兄。并将前次李蒙因骄致败、仁兄谏阻不听之事，代为声明。想朝廷厚待功臣之后，看先太师昔日军功分上，定必重用。吾兄文武全才，将来事业，未可限量。惟恐老朽年迈，不能见了。"仲翔谦逊一番，道谢过了，方尽欢而散。次日，仲翔动身上路，杨公及帐下官员，少不得至十里长亭相送，彼此洒泪而别。

　　且说仲翔一路上早行夜宿，过有一个多月，方才到了家乡。只见老的死了，少的壮了，真是山川如故，城郭已非。到得家门，心里想着十五年不见的老亲，不知如何，心里不禁突突地乱跳，叩门而入，见巍颤颤一个老者，扶杖而出，正是父亲。喜得什么似的，抢前一步，跪下说道："父亲！孩儿回来了。"不觉滴下泪来。他父亲十五年不见儿子，如今忽然见面，疑是梦中，抱住相看，也喜得说不出话来，只有老泪纷纷。停了一停，方才止泪。仲翔又一一和家人见过。大家想起十五年内的事情，正不知从何说起，在下也只好略过，不及细表，

　　仲翔在家中住了一月，将一应家务，料理清楚，便进京补官。朝廷早已得了杨公的奏章，备知一切。仲翔一到，便补他蔚州录事参军。仲翔领了文凭，一面走马到任，一面迎接家小。看官试想，一家骨肉，十五年不得聚首，今得团聚，怎不欢喜。只是仲翔心中，兀自郁郁不乐。为的是吴保安远在四川，不能见面，虽然消息常通，总免不了异地相思，以此心中如有所失。

　　仲翔在蔚州，做了两年官，名声很好，极得上司看重，升他做代州户曹参军。仲翔便又带了家眷，到代州去，那代州远在山西，和四川的交通，更是不便，与吴保安交情虽浓，音问常稀，仲翔心焦得什么似的，迫于钦命，可也没法。

　　仲翔在代州住了三年，又已满任。正想谋个四川地方的差缺，好和保安相见，忽然父亲一病而亡，仲翔就报了忧，在代州发丧，扶枢回乡。等到服满，仲翔对妻子说道："我非吴公相救，性命早休，哪里还有今日。一向为的是老亲在堂，无人奉养，所以勉

强做官，此恩未曾报得。如今父死服满，正该报答前恩，誓即去寻吴公，倘若寻不到时，我也不回家了。"

仲翔自到代州以后，没有接得保安一信。此时却探听得保安任满之后，仍在彭山居住。便带了盘缠，立即向入川大道而去。

不言郭仲翔千里访友。且说吴保安自到彭山之后，忽忽三年，只因为人古道，不善逢迎，任满之后，不曾再补官职。欲进京谋干，又无路费，便在彭山县租了所小房子，将就住下。哪知时运不济，忽地里患起病来，医治无效，夫妇两人，接连死了。剩下儿子天祐，好容易当卖借贷，东凑西补，才把两件丧事，敷衍过了。又亏了黄龙寺里的和尚，指与他一片空地，灵柩方得浮厝。

吴天祐自从埋葬父母之后，真个穷无立锥之地。幸亏自小读书，写作皆能，便在寺里坐了个蒙馆，教几个小学生，得了一吊八百的束脩。和尚有什么笔墨事情，也请他做做，抵过房钱，这才把衣食住三项事对付过去。如此混了四五个年头，恰值仲翔到来。

仲翔到得眉州，听人说保安已死，便放声大哭。当下换了孝服，弃车步行，直赴彭山，一路上哭声不绝。寻到黄龙寺，在保安夫妇柩前，具礼祭奠，酹酒跪拜。口称："永固（保安字）灵魂在上，仲翔不能早来送终，其罪莫赎。"匍匐地上，连诉带哭，好不凄惨，旁边的看客，也陪了许多眼泪。

仲翔哭罢，与天祐相见，呼之为弟，商量归葬之事。仲翔想出主意，命缝工先做下两口绸袋，用檀香熏过。择个吉日，叫齐土工，预先祭祷过了，然后掘开土堆，只见棺木半烂，仅存枯骨二具。仲翔痛哭不已，亲手取出骨殖，又恐乱了次序，节节用墨记明，装入绸袋，又将保安夫人的遗骨，也墨记了，另装一袋，同藏在竹笼之内，亲自负背，率领天祐，同回家乡。

仲翔因欲亲负保安之骨回乡，故一路不搭船，不坐车，与天祐二人，徒步而行。天祐看了，很过意不去，常言此是我父母的骸骨，应该我负。仲翔哪里肯放，哭道："永固为我之故，抛却妻子，奔走十年。我替他负骨，算得什么！"每逢住歇客店，仲翔先将竹笼供在上坐，摆设祭供，焚起好香，和天祐拜过了，然后自己进食，从始至终，未曾倦怠。

仲翔到得家中，就将竹笼供在中堂，设下灵位。一面备了衣衾棺椁，将保安夫妇遗骨，厚礼改殓；一面择下日子，替保安发讣开丧。一应排场礼节，都照自己父亲一般。丧事既毕，又办葬事，买下高敞坟地，亲自督率匠人，种树造坟。坟前高高儿地立个石碑，详记保安弃家赎友之事，使过路人看了，尽知保安之义。

葬事停当，又亲自庐墓（父母葬后，子在墓旁筑个草庐居守，谓之庐墓）三年。把自己房屋，分一半与天祐居住。请了个人品端正、学问淹通的老先生，教天祐读书。又为娶亲成家，将自己二十万家财，尽与天祐。

仲翔为保安戴了三年大孝，服满之后，到京候补，拜为岚州（今陕西岚县）刺史。仲翔带了天祐上任。此时天祐已念完经书，文理是通顺的了。仲翔公务之暇，常把官中文书，教他练习。

过了二年，仲翔见天祐才具成就，很可以做官了，便上了一道奏章，愿将官职诰封，一齐让与天祐，以报保安之德。他那奏章中有一段道：

> 臣遭遇兵败，被掳为奴。家乡万里，无信可通。困苦十年，早绝生归之念。保安与臣素不识面，徒以意气相投，不惜弃家来救，奔走风霜，啖粗衣敝。离家之时，子未离乳，逮乎再合，儿已成童。为臣辛苦，私恩如海。今臣幸得以虎口余生，备位州郡。而保安已殁，报德无由。清夜扪心，常不安席。窃见保安子天祐，年富学深，才具英挺，足堪任使，愿以臣官让之天祐。庶几国家劝贤之意，与下臣酬恩之义，一举两得。

这道奏章到了朝中，满朝公卿，尽皆赞叹。一齐奏闻皇上道："吴保安、郭仲翔之义气，直可上比古人。应请以吴天祐试署岚谷县尉，郭仲翔仍居原职，以为好义者劝。"玄宗准奏施行。

后来二人官声都好，各有升迁。岚州百姓感念恩德，替仲翔和保安立了个双义祠，香火不绝，这都不在话下。在下却另外要添几句话，说与诸位听听。俗语说："酒肉朋友千个好，患难之中无一人。"这句话无非劝人交友之时，不要结交酒肉之徒。但看吴、郭两人的故事，便知交友是在意味相投，施恩亦要择人而施。其人若非善士，厚待了他，反致引狼入室，自贻后患。

寻快乐

且说满足尊神奉了上帝之命，将快乐种子散布人间，自回天宫。那种子一到尘世，播入凡人的三寸心田之内，本来可以长苗生根，日兴月盛。无奈世人心田之内，早已长满了贪念、嗔念、痴念，这都是快乐的障碍。好比田内的莠草，莠草不除，五谷怎会生长？贪、嗔、痴三念不除，快乐决不能得。因此上帝的美意，世人不能领受，虽然个个想寻快乐，却个个走错了路，愈寻愈远。在这纷纷扰扰的当儿，出了一件青年寻快乐的故事，做了在下这本《童话》的材料。

在下此书开场之时，这青年正当十四五岁，不记他何国、何省、何县、何乡人氏，只知他性情和善，资质聪明，家财富足。他家有几个常往来的宾客：一名经验，一名钱财，一名勤俭。这三人都是青年的老前辈。青年和他们也只相识而已，并不怎样亲热。内中惟有经验往来较密。青年因他饱经世故，见识独高，另眼相看，奉之如同师长。遇有疑难之事，常常请教。

一日，青年在家独坐，闷闷不乐。经验进来见了，便问其故。青年道："正要和你商量，我想找寻快乐，但不知怎样寻法。你知道么？"经验眉头一皱，略想一想，说道："我也不知底细，但有一人，他知道得快乐的法子，他能介绍快乐与你。"青年听了，不胜之喜，忙问何人。经验道："便是勤俭。"一言未毕，门外早进来一人，却是钱财。

钱财那人，生得圆头肥脑，满身俗骨，喜管闲事。无论何事，他一插身，便弄得是非不明，皂白不分，君子化为小人，铁汉变做软汉，真是世上最坏的东西。他和青年见了，问起缘由，听到经验劝请勤俭做介绍，连声喊道："不成，不成！你休听经验的胡说！你要快乐，只寻我老钱，我老钱有本事将快乐给你。如何反去寻勤俭呢？勤俭那古板的脾气，人见了他，便常生气。"经验冷笑道："照你说来，你有何法，可寻快乐？"钱财道："我有好友玩耍，他那里有好看好吃的东西，有好听的音乐，有各种玩具，既不必读书，又不必工作。这才是欢喜之场，快乐之窝。"经验哈哈大笑道："钱兄，钱兄！你当玩耍是寻快乐的妙法么？错了，错了。常说道：'小时不苦老来苦。'可惜世人懂得这句话的很少。我的年纪，活了一把，很知道些世情，所以劝青年去找勤俭。我知勤俭的良心最好，青年如见了他，把他的话奉为指南，快乐就在眼前。"

钱财听了，虽不以经验之言为是，但也无话可答。只说道：

"此事由青年自愿，你我不必争论。只听青年自己挑选便了。"因问青年道："青年，你欲找快乐，现有两条路：经验说勤俭家里，可得快乐；我说玩耍家里，可得快乐。到底走哪一条路，欲你自己决断了。"

青年听了，好生委决不下，心想经验的话，固然有理；钱财的话，似乎更有把握。况且世人求快乐的，都托钱财介绍，想来决不会错。又想起勤俭的脾气古怪，决不是快乐到的所在。念头一转，便把平日信仰经验的心肠，化为乌有，开口说道："我本来也没有定见，既然钱先生如此说，世上的人也是如此做，想来不会错。我就跟钱先生去试一试罢。"说到此处，回身对经验道："经先生呀，我不听你的教训，你不欲见怪，我们平日交情，依然存在。请你常来看我，见有错误的地方，指教指教。"经验允许。青年便请二人略待，翻身进内，料理行装，立刻要跟钱财同去。在下也趁空说句话道："青年听了钱财的话，可就走错了路了。幸亏他不与经验绝交，还有救星，今且不先说出，看官读至下文，便知端的。"

青年既决定跟钱财去寻玩耍，就先到玩耍家里。原来玩耍是个专好游荡不务正业的人，常常与他往来的，无非他同类的人。其中如烟酒赌色诸人，最会坏事，都是玩耍的好友。青年本来不认识这班下流人，今因亲近了玩耍，就不知不觉，与他们凑在一处了。

青年要从玩耍家里，去寻快乐，主意已大错了。话休烦絮，且说青年见了玩耍，急急问他快乐的所在。玩耍笑道："我也不知快乐何在，你也不必问他，但跟我做去，包你有个快乐是了。"
青年听了，不知他葫芦里卖的什么药，半信半疑。正想和经验商
量，当不住玩耍拉了便走。接着，玩耍的朋友，也一窝蜂拥上，
把青年围住。青年到了此时，忘其所以，跟了他们，走到那没天
没地、无拘无束的地方去了。后来经验知道，只有暗暗发极，无
法挽救。

青年从此以后，昏昏沉沉，跟着玩耍，无所不为。但觉般般
称意，事事随心，喜得心花大放。从前一点疑心，早抛入爪洼国
里，认定已得到真快乐了。

从此青年入了迷，尽跟着玩耍度日，正事不理，正人不近。
讲究的无非穿着吃喝，陶情的无非游荡风流。玩耍家里的朋友，
没有一个不当亲骨肉看待。有时遇见经验，经验向他点头，青年
理也不理。经验见不是路，也暂时避开。青年感谢钱财不尽，说
多亏了他，才得交玩耍，见了这种世面。究竟是否找到真快乐，
也辨不明白，但觉这种日子，实在好过。但在下却替他担忧，恐
怕这种日子，不得久长。

果然过了半年，青年的祸事到了。原来钱财和他疏远，绝迹
不来了。说起钱财这人，最无恒心，今天和张三相好，明天便和
李四相好。加之世人没有不欢喜他，他的交往极多，更不能长在
一人身边。青年痴心妄想，以为钱财永久出力帮他，万不料有这
一日，只弄得束手无术。玩耍那里，本来由钱财介绍，没有钱财，
也就不理不睬，冷淡下来。

不但如此，青年从前和玩耍做伴的时候，整夜游玩，至晓方

才睡觉，恰和众人相反。大家好梦浓酣的时候，他却兴高采烈的，在人堆里受汗气。朝日初升，空气清新，大家起身做事的时候，他却埋在被窝中，呼呼好睡。可怜他半年以来，日日如此，竟没福去吸些新鲜空气，见些太阳光。

看官总知道新空气和太阳光，是人生不可缺少的东西。青年既没福见这两样宝贝，自然与卫生有害。他每逢睡的时候，头重得和铁锤一般，眼酸得和醋一般，四肢百体，软得和棉一般。醒来的时候，头虽轻了些，却又涨得厉害；眼虽不酸，却又涩了。口中又苦又腻，面色青白，行路无力。这都是钱财赐他的好处，玩耍给他的幸福。向来在高兴头上，倒不觉得，如今都一齐发作。正是屋漏又逢连夜雨，船迟更遇打头风。

青年一头跌倒床上，爬不起来。他本来有几个正正气气的朋友，自从与玩耍结交，早与诸人断绝。他们嫌青年不向上，不学好。青年也觉他们古板可厌。那时正和玩耍打得火一般热，少了这几个朋友，反觉耳根清静得多。今日孤零零躺在床上，从前旧事，都到心头，又恨又怒。心想道："我在世界上，不是成了一个孤汉么！玩耍当初何等欢迎我，怎么此刻又拒绝我呢？钱财当初巴巴儿叫我到玩耍家里去，怎么又半路上逃走呢？我那些旧朋友呢？我又没得罪他们，怎么他们又齐伙儿不睬我呢？咳！我真不懂。"

青年想到此处，忽然脑中像电光的一瞥，来了个久已忘记的念头，道："我为什么欲去认识玩耍呀？我要找快乐，钱财始介绍我与玩耍相见。那么现在找到了快乐没有？玩耍家里的事情，有一件是快乐么？说是没有的，怎么我到了他家，就再不作找快乐的念头呢？说是有的，快乐到底在哪里呢？"此时越想越糊涂，越想越气，忍不住高声喊道："快乐快乐，你原来是这样的一个古怪东西！你是叫好好儿的人变做了不像人。我今天才知你了！"

忽然有人接口道："不对不对！你是想偏了。"青年大吃一惊，忙望床外一看，只见一个人端正立着，不是别人，正是经验。青年此时，就见了猫儿狗儿，也是亲人一般，何况经验！只喜得流下泪来，连吁带喘地诉说道："经先生，你千万别怪我往日之错，我悔已迟了。我只恨为什么想找快乐。"经验道："不对不对，我说你想偏了，果然。"青年听了，怔了一怔，问道："快乐是该找的么？"经验道："是。"青年说："我找得祸害，你不见么？"经验说："那是你走错了路的缘故。"青年天良发现，满脸惭愧，不敢回答。

经验又道："人生在世，怎么好不求快乐呢？没有快乐的希望，做事便不勇敢，活着也没兴趣。可是得快乐的法子，须要辨得明白。须知快乐不比桃子、李子等果子。桃子、李子，有现成的桃树、李树，可以跑到树下去采。却从没有现现成成的快乐，让人去取的。玩耍家里，似乎像有现现成成的快乐，让人去取。岂知他有的，实在不是真快乐，真快乐是在勤俭家里。你只到了勤俭家中，听他的指教，久而久之，不愁不见快乐了。"

青年听了，如梦初醒，只说："我真糊涂极了！这都是钱财害我！事已如此，不必再说。我们且讲后来。经先生呀！你想勤俭不会动气么？我生怕因为前次这一些儿污点，勤俭就不肯和我做朋友了。"经验说："你放心罢，勤俭为人最好，他真可称为不念旧恶。随你从前怎样同他仇恨过来的，只要一转心，真心向着他，他无有不来。来了之后，无不尽心帮助。"

青年听了，喜得心花大放，病早去了一半。霍地里爬将起来，伸伸腿走下床沿，一把拉住经验道："你真是我的恩人！你可不要去了，我现在就只有你一个朋友。"经验微微笑道："不会不会，你朋友并不恨你，恨的是玩耍。如今你丢了玩耍，去寻勤俭，勤俭就能使你们旧朋友和好如初。"青年喜得乱叫道："真的么？"经验道："千真万真！"青年一手拉了经验道："我们此时就去找他。你想找得到么？"经验哈哈大笑道："你只要一转念，他就会来，哪有找不到的道理。哈哈，勤俭不是同玩耍似的，定要钱财做介绍。"

青年喜极了，拉了经验便走。经验又郑重嘱咐他道："欲见勤俭不难，就怕不能长久做伴。青年，你该知道和勤俭做伴，越长久，快乐越多。一天二天，是不中用的。"

这件故事，到此就完。看官若问青年真找到勤俭了没有，在下可答道："一找就到。"再问找到了勤俭可就有快乐了么？在下可要抄经验的话来回答道："勤俭越久，快乐越多，那快乐的味儿也越真。诸位不信，要清早醒来之时，把一日所做的事，澈底一想，便见得此话不错了。"

驴大哥

话说意大利南方有个小村庄，总共有百十来家人家，都靠种田度日。内中有个农夫，养着一匹驴子，已有八九年了。那驴子少壮之时，本来身强力壮，毛润肉丰。如今老了，瘦得好不可怜，看去简直是骨头撑着皮。身上的毛，东一搭，西一搭，像癞狗一般。一日，从田里做工回来，气咻咻地躺在豆棚之下。

豆棚对面，小小的三间茅屋，灯光射眼，这便是主人和主妇的住房。主人主妇，正在谈论家务。听主人道："玛利，这驴子老了，做不得工了，今天驾了犁，才耘得半亩多田，便倒在地上，不能动了。"玛利接口道："可不是么，工是做不来了，食量倒还来得，养着他，活活赔钱。亨利，明天卖了罢。再不然，把他杀了。我看那张皮倒还值几个钱。"主人点了点头，便各归寝。

咳！可怜可怜！驴子替主人做了半世工，老了做不得，主人还要杀他。他们一席话，驴子句句听得。虽然口不能言，心里却知道，暗地垂泪道："我现在虽做不得工，我也曾做过工来。我做得的时候，半夜里替主人磨粉，白昼里替主人耕田。做工回来，还替主人拖了一车的草，几十斤重的犁；闲了时，还得驮着主妇和小主人，到镇上去逛。那时主人报答我的，不过一束干草、几升黄豆罢了。"

驴子想到此处，肚中觉得很饿。勉强立起身来，走前数步，将头向主人房门上，轻轻撞了一撞，意思是要饭吃。主人在房中说道："驴子讨食了。"主妇道："明天就要卖了，还喂他做甚！"驴子又听得明白，眼泪汪汪地回到破棚。一咕噜躺下，又想道："这一年来黄豆也没有尝到。主人说我贪吃懒做，天天只给干草我吃。主人呵！天天只吃干草，怎生长得出气力？咳！不料从今以后，干草也没得吃了。"

驴子此时，忽然翻身跳起来，自言自语道："主人用不着我，我不好走么？我生了四条腿，养不活这一张嘴么！我为什么定要靠人，不自己去寻生活？"这时星月满天，正当夜半。驴子主意既定，悄悄儿乘着月光走了。看官，须知驴子私自逃走，委实是主人太虐待的缘故。去虽去了，到底将来如何，却没有把握。当下乱走了半夜，天将明时，到了邻村。事有凑巧，劈头就遇见了一条狗。

那狗垂头丧气，卧在路旁，煞是可怜。驴子想道："他不在人家门口躺着，却卧在路旁，光景是无主的野狗了。敢情也是私逃，和我一样么？"因上前问道："犬兄，你一向好么？我见你怪忧愁的，也觉代你难过。你莫非是耐不住主人的暴虐，私下逃出来的么？咳！我也有苦难说。你何妨说出来，我们大家商量着做。"

犬听了，摇头叹气道："不瞒驴大哥说，我们虽然没甚用处，忠心义气，却是有的。在主人家时，随你怎样苦，我们总是耐着，不忍相离。逃走二字，我心里从没有过。现在老不中用，主人赶我出来，我的死活，他不管了。"驴子道："原来如此。实在可怜！只是犬兄现在打算做什么呢？主人虽赶了你，你总得有个行业才好过活。若是闲着，总不能久。"犬说："我正没个计较，驴大哥有什么妙计么？"驴子见问，便先把主人欲杀他，他私下逃走的话，说了一遍。然后说道："我已想有一条活路在此，只消多得几个同志，便可成功。"犬问怎得一条活路呢？驴说："做把戏是了。"犬听了，也以为然。当下驴与犬同路向前而去。犬与驴走得不远，又遇见一猫。犬和猫本是旧相识，如今遇见，即上前和猫谈话，方知猫的境遇，正和驴犬一般。真所谓同病相怜，当时也合了伙，一齐向独立谋生的路上，用力做去。

他们三个，一路行去，心投意合。不觉村庄走尽，当面现出一座大树林来。瞥见道旁卧着一只雄鸡，双足被缚，不能行动。那雄鸡高冠美羽，又肥壮，又美丽，不知何故遭这困难。驴子对犬、猫说道："这位高冠公的嗓子，是无人不欢迎的。我们团体之中，不可少了他。我看他那样子，一定性命就不保了，我们眼见不平，不可不救。"

三个商量定了，遂公推猫去慰问雄鸡。雄鸡含着一包眼泪，回答道："我替主人报晓，一向不曾错误。昨夜月光很亮，我半夜醒来，一时糊涂，认做天晓，提起喉咙，叫了几声，把主人惊醒。主人因此大怒，说半夜里啼的鸡，是不吉利的，预备了滚汤，快欲杀我了。"猫听了，着实替他不平，遂把来意说明，邀同入伙。雄鸡自然愿意。猫立刻将雄鸡脚上的绳咬断，引他同见驴犬，一齐向大树林中去了。

及至走近树林，天已黑将下来。四个商量寄宿之处，都说还是树林中好，大路上怕有人见了不便。于是拣一棵大树，作了他们四个的临时旅馆。犬和驴就在树根边躺下，猫爬到枝间去睡了，雄鸡直飞到树顶上宿。

到了半夜，那高踞树顶的雄鸡，忽然见远处有火光，时明时暗，好生诧异。因对猫说了，猫又和犬驴说了。大家猜了半天，不明其故。鸡说："我看此火有些蹊跷，一定不是人家的灯光，大约是村中失火。"犬说："那么我们赶紧跑去，瞧他一瞧。"三个都赞成此言，立刻出发，向火光处奔去。到得相近，方才知道所猜全差，原来是好好儿的一所楼房。

雄鸡看见的灯光，便从这楼窗中射出。又听楼中谈笑饮喝的声音，像有七八个人的光景。楼下大门，却又开着，也没人看管。驴子悄悄儿对三个同伴说道："我看这些人半夜喝酒，必非正人。好在他楼窗不关，我们爬上去看一看，便知端的。"

爬墙走壁，本来是猫的惯技。他一闻此言，便扑的跳上驴背，再从驴背，跳到窗边，向窗里看了半晌，回报道："屋内有七八个人，都像强盗。桌子上摆了好酒好肉，正吃喝着咧！"驴子道："如何，果然不出我之所料！强盗的物，是不义之财，我们不妨取之。"因轻轻对犬猫鸡说了几句。三个都赞好，立刻依计而行。

看官道驴子用什么妙计呢？原来他自己立在窗前，教犬立在他的背上，猫又立在犬的背上，鸡又立在猫的背上。如此一接，早和楼窗一般高了。驴子以咳嗽为号，但听暗号，四个一齐狂叫。顿时驴声、犬声、猫声、鸡声混做一片，又响又杂，在这冷清清的荒村，半夜听了，好不可怕。楼中强盗，正吃有半醉，猛听得这一种怪声，疑是官军来捉，不及收拾，立即逃命。一溜烟走得无影无踪。

强盗既逃，驴犬等四个，便安然进门，把强盗剩下的食物，尽情享用。吃得饱了，安排睡眠，把灯光都吹熄了。驴子便在庭中大树底睡下；犬伏在门后；猫蹲在几上；鸡飞到屋顶睡了，不在话下。

且说强盗逃了一阵，不见有人追来，便又聚集一处，商量报复的法子。盗魁出个主意道："我们逃得太要紧了，没有认清敌人是什么人，如今须得先派人去探听虚实，最是要紧。"遂派出一名伶俐小盗，命他快去快来。

小盗领命自去，到得屋旁，只见灯火全无，黑魆魆不见一物，静悄悄不闻一声，又怕又疑，不敢进门。侧耳听了听，不见什么动静，方才扭扭捏捏地摸进大门。又摸到房中，四下里乱张，只见茶几上，有一个棋子大的东西，亮晶晶正发绿光，这原是猫的眼睛。哪知小盗竟认是炭盆中的余火，忙在腰间掏出火纸，直搠过去，想要取火。猫见了，张开利爪，一脚抓去，正抓在小盗面上。小盗呀的一声，缩转身便逃。此时心慌意乱，不比来时的脚步轻，走路仔细。到得门边，早撞在门上，又惊醒了门后的犬，跳起来向小盗腿上，咬了一口。小盗更吓得什么似的，顾不得痛，逃至庭中。此时驴子也醒了，把住大门，候小盗出来，踢上一脚。小盗一个翻身，滚到门外去了。

小盗生怕有人来捉，便连爬带滚，落荒而走。忽听雄鸡高叫的声音，竟听做喊捉强盗，更加没命地乱跑。好容易脱了险地，遇见了同党，已弄得一丝两气，说不出话了。

盗魁见小盗受伤而回，大吃一惊。仔细盘问，小盗只得添些枝叶说道："小的到了那边，灯火全息。摸到屋中，见几上有块没有烧完的炭，正想用火纸去取火，忽地来了个人，伸开五指，将我面上抓了一把。我转身向外逃走，门口又有人拦住，将我腿上砍了一刀。到得园中，只见一个黑衣大汉，捉着一条铁棍，将我拦腰一棍。我逃出大门，哪知屋顶上还有人守着，连呼'捉强盗'，若不是我两条腿快，早已送了性命。他们人数极多，处处有埋伏，看来不是好惹的。"

众盗听了小盗的话，都信以为真，便连夜逃走，再不敢来。从此驴犬猫鸡四个，安稳住下，不愁风吹雨打了。只是住所虽然有了，食料还须想法。第二天，四个开会商议。因为驴子是发起人，就推为主席。驴子说道："诸位朋友，我们初出来时，原打算从死路里开条生路，吃苦是不怕的。今赖上天保佑，居然不费气力，得了这个住所。我们感谢之余，仍要大家努力，去寻生路，万不可懈惰了当初的志气。再者我们四个，须要相亲相爱，同心合意，方能将生活问题，维持到底。"

犬、猫、鸡听了，一齐应道："是啊，我们全听驴大哥的吩咐！"驴子谦让了一番，然后出个主意，说每日下午，一同出去赚钱。驴子和猫做把戏；雄鸡唱曲子，犬收钱。

从此以后，附近的村庄上，常常见这四位朋友的踪迹。借此得了人家的冷饭残肴，得以过活。看客中有知道这四个朋友的来历的，着实敬重他们能自立，能用力气换饭吃，便格外照顾他们。

蛙公主

从前某国国王，有位小公主，年才八九岁，生得面如苹果一般红，发如金子一般黄，伶俐聪明。国王十分爱惜，选了忠实温厚的妇女，做小公主的保姆；又挑了一队伶俐的女孩子，做小公主的伴侣。

那小公主天生的好性儿，从不和人吵嘴，镇日跟了保姆，不在宫中念书，便在园中游玩。到了晚上，在父母面前，百般承欢。国王得此女儿，真是"不重生男重生女"了。

王宫之旁，有座大林子。林子中有株大橡树，橡树旁边，有一道滔滔汩汩的清泉，远远地从别处山上流来，围绕橡树，成个半圈。小公主很喜欢这泉水的声音，每到夏天，常到林中避暑，在泉上玩耍。

一日，国王给予小公主一个金球。小公主见这黄澄澄圆滚滚的金球，好生喜欢，便一口气跑到林中玩耍，不提防一个失手，那金球竟滚至泉上，只听扑通一声，落入水中去了。

小公主失了金球，忙叫保姆去取来。那泉水既深，金球重而且滑，捞了半天，竟不能得。小公主急得哭了。忽听草里有声说道："小公主不要哭，保姆们也不须着急，只消请我一声，金球便可到手。"

小公主低头一看，原来说话的是只青蛙，问道："说话的是你么？你是个小虫子，不中用。"青蛙道："你不要看轻我，我有本事到水里去，把金球找来。但是我找到了球，你怎样谢我呢？"

小公主听了大喜，连忙说道："好蛙儿呀，你要什么呢？我有美丽的衣服、好玩的东西、好吃的饼饵，随你挑一样罢。"青蛙说："我都不要，只消你许我和你做伴。你玩耍的地方，我也去；你吃的东西，我也吃；你睡的小床儿，我也睡。你许了这几件，我便来助你。"小公主一口应许，喊道："什么都依你罢，你快去替我取来！"口中虽如此说，心里却思忖道："这蛙讨厌极了！像你这样肮脏的东西，我怎肯同你做伴！"

原来小公主但哄青蛙去取金球，球到了手，便不顾亲口应许的话了。青蛙却认以为真，兴兴致致，跳入水中，游来游去，摸着金球，双手捧了，浮出水面，献与小公主。

小公主一见了金球，伸手抢得，反身就跑。青蛙在后喊道："小公主！小公主！你跑得这样快，我跟追不上，快带了我同去！"小公主头也不回，尽力地逃，就同赖债人见了债主一般，不半刻工夫，早跑到宫里去了。回头看那青蛙，影子也没有，想来赶不上，停留在半路了。小公主于是大喜。

第二天早晨，小公主正和国王、王后早餐。说说笑笑，好不快活，早忘了昨日那件不道德的事情。忽听门外石扶梯上，拍毬拍毬，像人走路的声音。到了门口，有声说道："小公主，请你开了门！"小公主便立起身来，开门一看，原来并没有人，只有昨日那只青蛙，端端正正，伏在门口。

小公主见了，比见了恶鬼还怕，下死劲将门关上，逃了进来，脸色全变。国王、王后见了，齐声问道："你见了什么？这样怕，敢是门口有野人，要捉你么？"小公主摇头道："没有野人，不过是一只极难看的青蛙罢了。"这句话说得国王和王后，都笑将起来。

国王问道："好孩子，你怕那青蛙做甚？他为什么来找你，告诉我来，好替你作主。"国王这句话，原不过一句玩话，却道着了小公主心事。在父母面前，不敢相瞒，只好把如何失落金球，如何青蛙代他取来，如何要他报酬，一一说了一遍。又道："试想青蛙这东西，是很讨厌的，孩儿如何肯同他做伴？那时答应了他，原是一时没主意，不知怎的，他竟日夜寻我。"

小公主告诉了国王，心想父亲平日间何等恩爱，今必帮他把青蛙赶出，称了自己的心愿。两只小眼睛，不住地向国王看着。哪知国王板着脸，带着几分严肃的神气，说道："这是你的不是了，你既应许了人家，你就得照办。快去开门，引他进来。"

小公主见父亲生气，不敢违拗，没奈何离了座位，去开了门。见那青蛙仍在门外，便跟着跳了进来，到了座边。小公主坐下。蛙儿叫道："我跳不上，你扶我罢！"小公主万分地不愿意，偷看国王时，只见一双眼，还钉住自己，便勉勉强强把青蛙抱到身边，放在椅上。

青蛙到得椅上，便向桌面一跳，在盘儿碗儿中间，团团走了一遍，仍走到小公主面前，向小公主说道："我跳了这半天，饿得慌了，请你把那金盆移近些，我们一处喝罢。"小公主勉强把金盆推了过去，青蛙捧着就喝，活像个人。

早饭吃毕，国王要上朝办事了，小公主也要去读书，读完书又要玩耍。只有青蛙没事，便紧跟着小公主，不放松一步：小公主到东，他也跳到东；小公主到西，他也跳到西；小公主吃午饭，他也跟着吃。如此一天，小公主讨厌极了，心想："父亲却怎地没忖量，硬叫我和爬虫做伴。无知的虫儿，就欺骗他一回，也有何妨。"

小公主的心思如此，那国王的心思，却又不同：以为吾人说出了话，应许了别人，一定要去做，不可失信。青蛙不过是个爬虫，尚能把金球找出，履行他的话，小公主是个人，反可以失信么？所以他处处叫小公主依从青蛙，这也无非想借此教训小公主，使他知道尊重信义罢了。

按下闲话，且说青蛙跟了小公主一天，不觉已到晚餐时候，他照旧爬在桌上，东一跳，西一跳。小公主偷眼看他父亲，见他并不生怒。一时夜饭已毕，小公主照例要到父母宫中，闲谈一回，然后归寝。青蛙也跟了进去，小公主出来，青蛙也跟了出来。

小公主的寝室，是在楼上。辞过父母，正欲上楼，忽听得青蛙又叫道："小公主，我跟了你一天，委实倦了，现在没有气力爬楼梯了，你抱我去罢。"小公主听了，不觉怕起来，直跑到王后身边，口说："这青蛙冷冰冰的，我不敢碰他，怎么叫他在我房里呢？"

王后忙安慰小公主道："好孩子，不要怕，青蛙不会咬人的。"国王却仍旧正色对小公主道："你用得着他的时候，他曾替你出力。如今他用得着你，你理应报答。"小公主听了，只好露出藕也似的手膀，伸开两指，把蛙儿提了，跑上楼梯。到得房中，横竖父母不在面前，将蛙儿掷在墙角，自到床上睡了。

青蛙被公主一掷，疼得乱叫。停了一回，又跳到小公主床前对小公主道："我睡在墙角，好不寒冷，横竖你的床很大，多了我一个，也不要紧，请你容我蹲在你的床角，也好得些暖气。"小公主不去睬他，青蛙没命地一跳，竟跳到床上。

小公主见青蛙跳上了床，陡然怒从心上起，恶向胆边生，伸手提起蛙儿，猛力向地上一掼，只听得咕噜一声，再不响了。小公主此时好不畅快，不顾他是死是活，安心睡去。

第二天早晨起来一看，蛙儿果已掼死，忙叫宫女拿去埋了。一会儿又到早饭时候，小公主见过了国王、王后，照常陪着吃饭。国王想起那蛙儿来，便问小公主。小公主把蛙儿如何讨厌，欲跳上床来，被自己摔死了的话，说了一遍。国王听了，大怒道："你这罪不小，和谋财害命一般，蛙儿要到床上，是你应允他做报酬的，并非例外，你不采他，已经可恶了，如何还伤他一命！"

小公主吓得说不出话来，心里后悔，不该下此毒手。不觉哭将起来，对国王道："父亲！孩儿知道错了，你有什么法子，把蛙儿弄活来，孩儿一定不讨厌他，和他做伴了。"国王不由得笑将起来，说道："好孩子，你弄死了他，倒教我医活他么？现在我无别法，只教你再到树林中找个蛙儿，小心养他，便算你悔悟改过。"小公主连声答应，自和保姆们去了。

小公主既到林中，林中有一群美丽的鸟，在枝头唱歌，见小公主来了，都一阵飞去。小公主心中纳闷，对鸟招手道："你不认得我么？我天天来，你从没有避过，怎么今天见我就飞呢？"群鸟一面飞，一面回答道："小公主，我们一向只知你是个好人，今天才知你是无情无义的。我们的朋友青蛙，死在你手。我们不敢近你了。"说着，早飞得无影无踪。小公主惭愧满面，不做一声，悄悄地来到泉上。

泉上有一群粉蝶，平时小公主来了，他们绕身飞舞，表示欢迎的意思。今日见了，都展开双翅，四散而去。小公主见粉蝶如此，忙道："好蝶儿！好蝶儿！你告诉我，你为什么见我逃呢？"蝶皆说道："你害死了青蛙，你不是好人，我们都怕你。"小公主见鸟和蝶，都说自己不是好人，心中后悔不迭，不知如何方好。正没有法子的时候，忽然听得阁阁阁阁的声音。

小公主喜得跳将起来，回头一看，果然草里有个青蛙，远远伏着。小公主生怕惊走了他，轻轻上前，对他说道："好蛙儿，我父亲叫我寻一个来，好生看待，赎我前罪。好蛙儿，你救救我！"蛙儿掉转头，阁阁阁阁地说道："小公主，我不能信你。我同伴有功于你，尚且遭你毒手，我没来由，怎好白受你的供养？你欢喜时养我；你怒时，就有性命之忧，我不！我不！"说完了，竟跳入水中去了。

　　小公主听了，心中好不自在，无心游玩，立刻跑回王宫，见了国王，告知如此这般。并说道："孩儿叫他们不来，只有父亲替我设法。"国王笑道："不能不能，你请他们，他们尚且疑心不肯，强去捉他，越发不中用了。"正说着，忽然一个宫女，慌慌张张跑来，对国王说道："那蛙儿活了，只是已变了形。"小公主忙问变了什么了？宫女道："已变成了十一二岁的女孩子。"国王和小公主听了，齐声称奇，便命宫女领进。国王把蛙变的女孩子细问一遍，方知他本是邻国国王的女儿，唤做三公主，被恶人拐了来，欲将他转卖。三公主不肯，恶人大怒，使起妖法，变为一蛙。今妖法退去，故仍变为人。当下国王就认三公主为女，叫小公主称为姊姊，小公主得了一个同伴，好不快活。国王叫二人都至面前，各人给了一个金蛙儿。又对小公主道："你从此以后，记好了此番之事，我尚有几句话，要教训你：第一，不可胡乱答应他人做什么事；第二，答应了必欲做；第三，不可使性，伤虫儿鸟儿的性命；第四，做错了一件事，大家就疑心你十件都错。你不见鸟儿、蝶儿，都疑你么？这四件事牢牢记着。若一时忘了，只要看这金蛙儿，便可想起了。"

树中饿

俗语道：“酒肉朋友千个好，患难之中无一人。”在下今更下一转语道：“患难朋友，尚非绝无；最难的是当着一生一死的关头，仍能独为其难，没有一毫幸免的意思，那可算得生死之交了。”看官试看世上患难相共的朋友，后来得志，因为利害关系，不能相容，翻转脸来，变成冤家，如楚汉相争时的陈余、张耳，便是个榜样。

张耳、陈余，本来是极好的朋友。陈余年小，事张耳如父。二人一同起兵，反抗秦皇，吃尽千辛万苦。当此之时，真个情同手足。后来秦将章邯，将张耳围困在巨鹿城内（今巨鹿县）。陈余有数万甲兵，屯在巨鹿城北，坐视不救。张耳几次差人相催，陈余终不发兵。

张耳再遣张黡、陈泽二人，到陈余营中，讨取救兵，并传张耳的话，责备陈余道：“我与公当初结为刎颈之交，原约有难同死；今我为秦兵所围，死在旦暮。公现有兵数万，纵使不敌秦军，但念起从前之约，也当舍命一战，何得坐观成败，顿忘前情？"陈余勉强答道："我岂敢忘约！只因秦兵甚强，我数万人断不能胜，纵来相救，譬如将肉投与饿虎，死也无名，不如留在此间，即使张君死了，我尚可替他报仇，不强如两人同死么！"

张黡、陈泽哪里肯信，定要陈余出兵。陈余推辞不得，勉强拨与五千人马，付与二人，教且去试一试来。二人领兵而去，尽为秦军击死，没有一个生还。幸亏其时诸侯之兵，也渐渐赶到，项羽又把章邯的粮道截断，杀退秦兵，遂解巨鹿之围。

张耳既出围城，与陈余相见，便责备他何故不救，又问张黡、陈泽的下落，陈余说是死在秦军。张耳疑陈余并未发兵，更杀死两人，以灭其口，因此诘问不休。陈余怒道："倒想不到足下怨我如仇，既然如此，不如绝交。"说罢，解下将印，推在张耳面前。张耳倒没了主意，不敢接受。陈余也不管他受不受，径自去了。

张耳左右见陈余走出，便对张耳说道："陈将军自解兵权，正是难得的机会，公如何不取？"张耳听了，不免心中活动，遂收了陈余之印，把陈余该管的兵，都拨在自己名下。陈余见张耳竟夺了自己兵权，怨恨张耳，自不必说，带了数百名心腹，投奔别处去了。从此两人便成了切齿之仇。

后来张耳跟项羽入关，推倒秦朝。项羽大封诸侯，张耳也封了常山王。陈余的门客，见张耳得封，陈余独无，便在项羽面前替陈余说道："张耳、陈余，一体有功，张耳既然封了，陈余也应受封。"项羽因陈余不从入关，心中不喜，只把南皮（今南皮县）三县，封他一个小国，陈余因此更怨张耳。

过了多时，齐王田荣叛楚，陈余得了这个消息，立刻差人去说田荣道："项王分封诸侯，很不公平。大王若借陈将军数千人马，陈将军愿替大王出力，扫平赵地，双手献上，同敌楚国。"田荣大喜，便挑选精兵，借与陈余。陈余得了兵马，乘张耳不备，引兵来攻，张耳大败而走，投奔汉王。陈余尽将赵地收复。

张耳在汉，不忘陈余之仇，说汉王去攻陈余。汉王命韩信和张耳带兵同去，韩信善于用兵，陈余如何敌得，终至兵败身死。从此张耳总算报了仇，看官试想两人当初交情，何等亲密，结局如此，岂不可叹。他们不和的缘故，无非张耳怨陈余不救，陈余怨张耳夺他兵权，都是为己罢了。

所以在下说患难朋友，不算稀奇；到生死利害关头，没有一毫私心的，才算稀奇。此因患难之中，有苦同吃，有难同当，还齐得来心，就有不和合的地方，也总可以情遣理恕，独到了一死一生之际，不是互相推诿，定是互相妒忌，遂至有始无终。然而世上恶榜样固然是有，好模范也岂全无，在下再说一件故事，可巧和张耳、陈余的事情相反，看官莫忙，听在下慢慢道来。

且说张耳、陈余的故事，是在秦汉之时。在下现在要说的，却早得多了，是在七国相争，秦未统一天下的时代。论两时的风俗，战国时算是邪正混杂的时候，有大奸大恶的人，也有大忠大信的人，和秦末的风气比来，还觉战国时胜些。

话分两头。单表战国时候，乱哄哄争名夺利之时，燕国有两位隐士：一名羊角哀，一名左伯桃。二人同居山村，半耕半读。

虽然抱有安民治国之才，但因各国无道，不肯轻易出山。忽一日，左伯桃在外面听人谈论，说楚平王礼贤好士，现开着招贤馆，延聘人才。伯桃听了，心想此时各国诸侯，互相并吞，惟有善战的人，合游说的人，可以得志于时，不料还有这等明主，搜访山林隐逸，机会不可错过。我们倒要去试他一试，如有机会，也不枉了胸中的学问。

左伯桃主意既定，就与羊角哀说知，劝他同去。角哀的才学，更在伯桃之上，自然也不甘久处山林，当下允了，两个置办行装，直向楚国而去。

看官须知燕国在北，楚国在南，相去千里。羊角哀和左伯桃步行走去，非二三个月，不能到得。他二人盘缠有限，出了燕国境界，早已花去一半。却又遇着连日阴雨，二人心急赶路，只好冒雨前行。此去须过了百十里的荒山野路，方才见个村市，在平日呢，一天赶百十里路，原不算什么，如今在阴雨之天，可就难了。哪知雨犹未止，风又大作，早吹出一天雪来，计算路程，三股中但走了一股。

那雪越下越大，伯桃和角哀不能再走了。正是前不把村、后不遇巷的时节，道旁见有一座荒坟，两人一齐躲入坟中，指望雪止即行。哪知越下越大，只好在此过夜。看官想冬夜下雪天气，蹲在这荒野之中，怎么熬得过饥寒？

两人挨到天明，雪虽止了，一片白茫茫的不辨高低，仍是行不得；那北风更是难受。伯桃对角哀说道："我想此去尚有不少路程，我们两人同去，但靠这些干粮，就不冻死，也要饿死，与其两人共死，不如贤弟独生。我才既不及，年纪又老，横竖精力已衰。愿把衣服干粮并与贤弟，贤弟一人自往，得了官爵，再来葬我不迟。"角哀忙道："我二人虽是异姓，情过骨肉，我岂可贪生自去，将兄抛撇？我们要活同活，要死同死。"说罢，扶了伯桃，勉强上路。行不十里，天又下起雪来，路上更加难走，肚中又饿。伯桃打定主意，不再走了。见一株枯树，树腹已空，可作歇处，便与角哀钻进坐下。

伯桃寻思道："我若单靠口说，他必不从，不如将他打发开去，我自寻一死，好让他放心前去。"因对角哀说道："我冻得四肢都麻木了，你去敲石取火，烧些枯枝，挡挡寒气。"角哀信以为真，出去一看，只见满山的雪，尺许来厚，连石头也不见一块，更哪里来枯枝，仍回原处，告知伯桃。但见他脱得赤条条的，一丝不挂，快要冻死了。

角哀大惊道："吾兄何故如此？这不是玩的！"伯桃摇手，指着地下的衣服道："我已再三寻思，只有此法。弟勿自误，赶紧去罢。我死不足惜。"角哀抱住大哭道："我二人生死同处，安可分离？"伯桃垂泪道："不听我言，一定都要饿死，两无益处。"角哀道："兄必欲如此，弟愿死在此地，兄可取衣服和干粮，前往楚国。"

伯桃道："我一向多病，不及你身体结实，就照你所说，我也到不得楚国。况且你的才学，高我十倍，你死了可惜，我活着无用，今你快些去罢。"角哀哪里肯走，就地下抓起衣服，欲替伯桃穿上。伯桃一手推开，反向雪中乱奔，角哀把他拖回时，伯桃神色已变，四肢皆冷，呜呼死了。

角哀急解自己身上衣服，欲暖和伯桃，可是已来不及。当下大哭了一场，寻思道："死者已不可复生，我若久恋此地，也将死了，死后谁葬吾兄？"

角哀于是抛下伯桃，冒险上路，到得楚国。当下央人引至宫门，求见楚王。楚王闻是燕国贤士，千里来见，便命引进。问以富国强兵之道，角哀对答如流，楚王大喜。过了一日，拜为上大夫。

角哀入朝拜谢已毕，伏地痛哭。楚王忙问何故。角哀答道："臣自燕国来时，本与一友同来，半路上忽逢大雪，臣友自愿一死，脱衣并粮与臣，臣方得活。今臣独蒙大王厚待，念及亡友，所以不胜悲痛。"

楚王听了，细问情由。角哀将前事述了一遍，说得楚王频频叹息，百官尽皆下泪。平王问道："卿意何欲？孤当允许。"角哀拜谢道："愿大王给假，许臣到彼处安葬伯桃，再来听大王驱使。"楚王当下照准，赐黄金百斤做葬费，赠伯桃为中大夫，又拨车马四乘，跟人几名，随角哀同去，备办丧葬。角哀再三拜谢，辞别楚王而去。

到了原地，安葬了伯桃。角哀见诸事已毕，寻思道："我与伯桃，本为楚王招贤而来，今观楚王，不过浮慕虚名，未必真能用贤。我一时不慎，害了朋友，活着也无趣味，不如就此寻个自尽。"想完，立刻拔出宝剑，自刎死了。这叫做："人生重义气，徒生空尔为。"

陈余、张耳的人品，和羊角哀、左伯桃比来，高低如何，看官自能辨别，在下不须再说。记得明朝李东阳《树中饿》乐府，正咏此事。中有两句道："吁嗟乎，树中饿死安足惜？何似西山采薇食？"意思是责羊、左二人，不能终身隐居，以致遭此意外之事。在下看来，李东阳未免错了。他们若但是热心功名，左伯桃便不肯解衣推食，自愿一死；羊角哀受楚王礼遇，正是兴头之时，也不肯拔剑自刎了。

据在下说来，他们只想发展胸中的抱负，以救战国纷争之局，故能不分你我，不计生死。不幸事业未成，做了异乡之鬼，替他略迹原心，两人的行事，真可激顽立懦了。

牧羊郎官

在下编这本《童话》，有两层意思：一要叫看官们晓得立身的根本，并不专是念了几句书，借此得了一个官，就算完了事，须要有益于国家，有功于社会；二要叫看官晓得二千年前，已有人从事实业，显著成效，却又挥金如土，屡次报效国家，一无所求，和近日的实业教育、国家主义相合。我们生当今世，安可反不如他。

看官们晓得了这两层意思，然后再看此书，便知书中的主人翁卜式，虽然只是个牧羊人，却非常人所及。看官莫忙，且听在下道来。

话说汉武帝是西汉十二帝中一位英主，他从即位以来，便想伸张汉族势力。那时中国北有匈奴，南有百粤。此二种人文化未进，却生得狼一般狠，虎一般猛，自古以来，骚扰边境，常为汉族之患。武帝生平的大政策，就是要征服这两种人，使中国永远太平。

看官须知那时所谓百粤，在今日是两广、云、贵之地，地方不大，征服自然容易。惟有匈奴地盘最大，现今长城以外，内外蒙古等处，都是匈奴人种，牧马横行之处。匈奴生长在冰雪之中，沙漠之内，中国人吃不来的苦，他能耐得。所以夏、商、周、秦时，只把他赶出塞外，就算完事，都不敢闯进他的境内，破其巢穴。武帝以为这不是斩草除根的办法。

武帝的计画，是欲大破匈奴，使他不敢再犯中国。苟能办到，自然是安边的上策，无如此事劳师费财，达到目的，谈何容易。武帝即位二十多年，用了十几年兵，还没有实行他的计画，已弄得中国民穷财尽。有几个自告奋勇、愿灭匈奴的大将，也不过志在封侯，虽有几个想尽方法、筹划军饷的大臣，也不过假公济私。

这个时候，偏偏出了一个老实不过的卜式。卜式有百万家私，都是靠着勤俭得来，后见国用不足，愿助军饷，却是实在爱国，没有一毫名利之心。他一片志诚，世人反疑他是伪，虽然在朝做官，竟不能行他的志气，真是可惜！

看官道卜式是何等出身？原来是个牧羊人，本贯是河南，家世种田为业。父母亡过之后，卜式自己当家。他有一弟，年岁尚幼，卜式抚养他。至于成立，将辛苦得来的家产，尽让与弟，自己只取了一百口羊，到山中去干他的营生。看官须知畜牧本是利息最好的实业，只要人知道牛羊的脾气，耐心照管是没有不发财的。卜式数年之后，那一百头羊，变成了数千，得利无算，便盖造房子，购买田产，顿时又成了个富人。他兄弟坐吃山空，把哥哥与他的家私，花得精光。卜式见兄弟如此，又将自己新得的家产分一半与他。

卜式虽已大富，却并不因此奢华，仍旧布衣素食，早起夜作，不到几年，家业更暴发起来。兄弟的产业，又已花完，卜式再分与家产之半。他兄弟花钱已惯，横竖用去了，向卜式要去，如此不止一次。有人向卜式说道："足下的钱，都是自己挣得，来处不易，令弟虽然是同胞骨肉，但既已分居，也可不顾，如何足下任他浪费，屡次周济他呢？"卜式怒道："足下如何把此等不义之言，讲与我听？我正自恨不才，不能教兄弟自己谋生，既误了他，正该养他。况且一个人要钱何用，不过有了钱，好救人，好做有益的事业罢了。若有钱不用，或单养自己，岂非白冤枉了钱。"

从此卜式更加热心公益，凡乡里善事，一一拿出钱来办理，自己却仍旧耕种牧畜，不放宽自己一步。他虽然撒手用钱，却因牧畜得利，每年单就羊身上说，已够开销，何况尚有其他进项，所以他的家产，仍是有增无减。

不言卜式日富，且说汉朝因为屡击匈奴，劳师耗饷，国用渐渐不给。武帝因军饷无着，便听了理财家桑弘羊的政策，举用东郭咸阳、孔仅二人，专办盐铁事情。看官须知煮盐、冶铁二项，是极有利息的工业，向来政府并不干涉。桑弘羊因欲兴利，把这两项事，收为官办，馀利尽入公家。无奈办理不善，国家未得其利，小民先受其苦，国用仍旧不足。

卜式听了这个风声，心里想道：国家虽然没钱，百姓中有百万家私的人，不计其数，只要这些富人，个个肯捐一半，国用何患不足？如今凭空添出捐输，不过苦了小本经纪的人罢了，钱到得国库，不过一半。当下打定主意，上一封书与朝廷，愿把家产之半，捐入公家，作为军饷。

武帝得了卜式这封书，不胜诧异。心想天下竟有如此好人，便遣使者至河南问卜式，捐助巨款，欲得什么报酬？使者见了卜式，先问卜式欲做官么？卜式辞道："臣自小牧羊，未习吏事，不愿做官。"使者又问道："你不想做官，敢是有什么冤抑之情，欲天子替你伸理么？"卜式又道："臣居乡里，安分营生，处处让人，从未与人争论。乡里中贫苦的，臣出钱救济他，不学好的，臣善言劝导他，一乡之人，无不和好，臣并无冤枉。"

使者再问卜式道："如此说来，你平白捐钱，为什么呢？"卜式道："臣的意见，以为天子既然去打匈奴，替中国人争气，则有力的便该当兵，有钱的便该助饷，如此人人出力，匈奴自无不灭之理。臣的愚见，就是为此，别无所求，请使者转奏皇帝是了。"

使者回京，果然将卜式之言，一一奏知武帝。武帝便问丞相公孙弘，该怎样报酬他？公孙弘因自己不曾出钱，今卜式倒这般好义，相形之下，益发显得自己不好，不觉老羞成怒，便奏知武帝道："此人不近人情，还是不用的好。"武帝听了，心里不免活动起来，钱虽收了，竟不看重卜式。卜式本不指望做官，照旧牧他的羊。

过了几年，匈奴浑邪王领兵来降，武帝教县官代办沿途的供应，遂致府库空虚，百姓失业，无数穷民，都向县官要饭吃，县官如何应付得来呢？因此饿死的人，不计其数。卜式见此情状，又捐钱二十万，请本处县官，将此钱散给贫民。卜式此举，原非求名，后来县官把助赈的名氏，开了单子，报告朝廷。卜式自然列入。武帝一见，便记起前事，心想此人屡次捐钱，毫无要求，真是难得。便下诏赐卜式外徭四百人。[①]卜式又尽数助入县中。

此时武帝又以国用不足，新行船捐、车捐，又命人民放债取利的，自报共放出多少，国家也要取捐，报不实者重罚。富人听了，忙得什么似的。武帝虽说虚报欲罚，却是少报的仍旧不少。独有卜式不但不虚报，还欲捐钱。武帝此时，知卜式实是忠心为国的人，前次听了公孙弘之言，没有睬他，实在对不起，便去召卜式来京。

卜式到了，武帝便拜他为郎（官名，天子近臣）。卜式辞道："臣来京时，以为天子有话下问，若知拜臣为官，臣早不来矣。况且臣并无所能，只会牧羊而已。"武帝道："不须固辞，我有羊在上林中（上林是个花园，地方极大），烦汝牧之。"卜式见武帝如此说，只得拜命，从此便在上林牧羊。

过了一年，武帝至上林游玩，想起卜式，亲去看他。只见卜式布衣草鞋，带领群羊，迎接出来。武帝看那羊时，又肥又白，且多了不少，心中暗暗道好。因问卜式有何秘法，卜式道："臣无别法，不过一切都顺羊的性子，什么时候叫他们起来，什么时候叫他们安歇，都有一定。群中若有不好的羊，便立刻�去，不叫他害群。"

---

① 汉制百姓皆应助公家做工，如欲免工，应捐钱三百。今汉武赐卜式四百人，是免其出四百人之换工钱也。

武帝听了点头，卜式乘势说道："臣以为牧羊的法子，也可用在牧民。"武帝听了，心中更奇。方知卜式虽不是读书人出身，却很明白道理，因任为缑氏令（今河南偃师县）。

卜式走马到任，居官不久，缑氏的百姓，果然都说卜式好。武帝又调他做成皋令（今河南汜水县）。成皋是转运漕米①的去处，算是一个繁缺。卜式剔除弊端，转输利便，考成之时，上司列他为第一。武帝更觉卜式有用，便命为齐王太傅，不多时，转为齐相。

后来又内用为御史大夫。卜式既做了御史大夫，应该言时政得失了，那时民间都嫌盐铁不便，船捐亦苦太重，卜式因奏请武帝废盐铁，罢船捐。武帝不悦，将卜式降为太子太傅。

武帝对于卜式，终不能十分信任，此是武帝的不明。卜式不爱钱，不爱官，只知爱国，仁至义尽，总算尽了国民一份子。使他生于共和之世，脱去束缚，独行其志，他的成就，必更远大哩。

---

① 漕米：指古时历代政府由水路运输的官粮。

书呆子

　　只知念书、不知世务的人，俗语唤做书呆子。大凡读书人拘泥书中的话，与世情不甚切合，做事每多迂阔，或竟不能做事，所以得了一个"呆"字。这是俗人刻薄挖苦的话头，不值得去讲他。

　　现在人心不古道，学堂之中，有用心读书的学生，同学们便齐声叫他书呆子。笑他，奚落他，好像做了什么不端事情似的。这种情形，莫说是玩笑小事，实是学校中最坏的习气。见地不牢固的人，每因同学们的嘲侮，把勤学之心，渐渐抛却，流入浮荡一流去了。在下就为这个缘故，编这本《书呆子》童话。希望小学生看了，不用功的变为用功；用功的更加用功；再不把书呆子三字笑人，那就好了。欲知这故事讲的何事，且看下文。

　　话说某处镇上有个学堂，有五六十个学生，却个个都好玩耍。只有个唤做南散的，十分用功，下了班就捧着书看，星期日也不出去游玩。教科书读熟了，又忙着把参考书看，什么童话哩，少年丛书哩，少年杂志哩，常识谈话哩，统统都看。同学见他如此用功，唤他游玩，十回倒有九回拒绝，因送他一个"书呆子"的美号。南散听了，也不介意，照常用他的功，做他的事。

某日星期，校中放了假，学生全伙儿出去了。那时正在夏天，学生都到近镇的村庄上玩耍，好不自在。自修室中，只剩了南散一人，低头看书。太阳光射在窗上，屋里热得厉害，他也不曾觉得。

这时尚有一个同学，名唤万尔，取了个草帽，正欲出去，见南散在自修室中，便来唤他道："南散，这样的大热天，你也歇歇儿呀！我欲到表哥家里去，看他们的蜜蜂，你也去罢，我们一同就走罢！"

南散两眼注在书上，答道："你表哥的家，我认得，你先去罢，我看完了这几张书就来。"万尔举目向窗外看了看，见赤日如火，委实可怕。心中本也懒得出去，但在校既没有事，屋子里又热的慌，便又向南散道："你就不看完这几张书，剩下再看，也不要紧。这样大热天，一个人出门，实在乏味，还是我们一同走，路上有些说笑。"

南散抬头说道："那么你等一会儿罢，我正看到好处，万万放不下手的。"万尔听了，带几分嗔怪的口气说道："好好！你看完了再来罢。怪不得人家唤你做书呆子，真有几分儿古怪！"说着，快快地走开，很有几分气。南散知道万尔不快，便又和和气气说道："你就到外面大树下歇歇，再十分钟，我一定看完了。"

万尔头也不回，独自去了。

万尔一路走去，心想南散看的是什么书，这样有味？我们读教科书，还是勉强，他却喜看课外之书，这真叫一人有一人的心肠了。偏他不喜玩，可知他的心肠，和大众都不同。一路想去，不觉早到了表哥门前。万尔高高兴兴地跑了进去，口里高喊着表哥的名字，哪知竟没人答应。跑进客堂一看，竟不见一人，连姑母姑夫，也不知哪里去了。

万尔好生诧异，又叫了一阵，才叫出一个老妈子来。问起情由，方知表哥们都到镇上去了，至晚方得回来。万尔听了，大大扫兴。便问管蜜蜂的王老儿可在家么，老妈子回说在家，正在后面替蜜蜂分房。万尔连说还好，便急急赶到后面，找王老儿去了。

看官知道什么叫分房呢？原来一窝蜂满了，须得另用个新房，将蜜蜂分一半在新房之内，以便繁殖。这是养蜂家最难做的事情。分得好，一窝可变两窝；分得不好，连原窝的蜂都飞散了，也说不定。万尔常听王老儿谈养蜂的故事，只是没有见过，如今刚巧遇着，怎么不想去看他一看，广广眼界！

万尔跑至后面，只见王老儿已把新房收拾妥当，白蜡和蜜糖（这二样是引蜜蜂来的）也已放好，正掇着那房，趑将前去。万尔叫道："王老儿！"王老儿回头见是万尔，满脸堆下笑容。万尔道："你在这里分房，快好了么？"王老儿道："快了，我正欲拿新房去对着，今天一定可以分好。"万尔欢喜道："我好幸气，今儿见着了。"说着，跟王老儿走去。到了旧蜂房面前，王老儿将新房放下，开了门，正对着旧房，旧房也开了门，两房相距尺许。又四面看了一看，说道："你瞧罢，再一会儿，蜂就搬家了，我们远远地等着罢。"万尔听说，便在对面的矮墙边石凳上坐下。王老儿另有他事，到前边去了。

万尔靠着的矮墙，不过一人高低。墙外有一棵榆树，立在树根上，就好爬过墙来。万尔立在石凳上向外瞧了一会，又看看蜂房，心里乱想道："我不知南散看的书，有什么趣味，这样好看的蜜蜂分房，错过了不看，真真可惜。我回校时，又得笑他这书呆子了。"又想起表哥们到镇上的事来，便乱猜他们到什么地方，买什么东西。不知不觉，已过了好一歇。猛一抬头，只见蜂房旁边一棵苹果树的横枝上，黑云般的一大堆，蠕蠕而动。万尔大吃一惊，定睛细看，原来就是蜜蜂。就是那老窠里分出来的蜜蜂，如今不到新房，却到树上。眼见得树上的也就要飞散，岂非一窝蜂都走了么？万尔急找王老儿时，不见只影。一时情急，不暇细思，又仗着曾闻王老儿说过收蜂的法子，自信有些把握，便三脚两步，跑到王老儿素日藏物的屋内，取了一根棒，又取了一张面网。正待遮上面网，恰好王老儿趑将过来。

万尔大呼道："王老儿！王老儿！蜂飞到苹果树上去了，丢了！我找你不见，正想自去赶呢。难得你到来。"王老儿抢前二步，向苹果树一看，搓手说道："小官人，你好幸气，没有去赶，这叫做大散。你不懂得，乱赶，好不险呀！只是我一人也办不来，总得有个人帮才好。"说着，抓首摸耳地想，发恨道："偏偏主人们都出去了，连小李姐也出去，竟没个人，可怎么办呢？真是迟又迟不得，等又等不及。"

万尔见王老儿说少个人，便立刻喊道："算了，我来帮你。你不用迟疑，多费时光了。"王老儿摇头道："不成，不成。"一面说，一面心里打算，可真没有一个适当人。万尔虽没有做过，手脚是伶俐的。王老儿正这么想，万尔已把面网罩在头上，将脸面项脖，一齐罩好，极力催促王老儿快去。王老儿搁不住他的催促，主意一转，因说道："既然如此，我们快去。你擎住新房，对准了枝上的蜂球儿，让我来赶。"说着，引万尔急奔而去。

到得蜂房旁边，王老儿将新蜂房递给万尔，叫万尔高高擎起，凑近那苹果树枝。王老儿将老蜂窠门儿盖上，走到苹果枝下，轻轻赶了两赶。说时迟，那时快，那群蜂早哄地飞散，犹如一片乌云。刚一飞散，便又合将拢来，向下一沉，早有数十只蜂，飞入新房。万尔大喜。他也不问问王老儿，冒冒失失地将房向上一凑，希望蜂多飞几个进来。哪知这一凑就坏了，群蜂忽又飞散，忽又聚拢，不往新房，齐攒在万尔胸前。

万尔大惊，忙叫道："王老儿！蜂不在房里了！快替我赶了，快替我赶了！噢！蜂钻到面网底下来了！王老儿，快些！"说时迟，那时快，王老儿看时，也惊得呆了。蜂已进去。万尔的颈项脸面，全都是蜂，白皮肤变作黑色了。万尔紧闭着嘴，气也不敢呼；话更不敢说。张开两眼，光瞧着王老儿。王老儿吓得昏了，还有什么法子呢？只有搓手跺脚叹气的分儿。正在这当儿，忽然墙外一人，探头一望，正是万尔叫他书呆子的南散，手中兀自执着一本书。

南散见了万尔的模样，吃了一惊。忽地里脱了书呆子的身分，纵身跳过矮墙。王老儿以为南散欲动手赶蜂，忙喊道："动不得！一动蜜蜂就要刺，这是要命的。"可怜这老头儿真是吓出魂了，只知叫万尔耐着不动，想不出什么驱除蜜蜂的法子了。南散跑至跟前，一面向万尔说道："万尔，你可别动呀，无论如何要忍住。你不要怕，我有了救你的法子了。"万尔口里不好回答，只有两眼中放出希望感激的光来。南散又对王老儿下命令道："王老儿，王老儿，赶快地拣出蜂王来，放到新房里。"王老儿这才如梦初醒，连说："我真吓糊涂了，连这个都忘了。"

说着，拿出他那老蜜蜂师父的手段，向那乌黑黑堆里，看了一看，轻轻找出一个王来，向房里一丢。说也奇怪，蜂王一到那里，众蜂自会跟去。万尔脸上颈上衣上的蜂儿，早飞去一小半。可是停留的还有一大半。万尔的神气，似乎像再不能忍了。南散忙鼓励他道："万尔，这是最后五分钟了，千万耐着，别动！"又对王老儿道："还有一个王呢？我看没有两个不成的。"王老儿道："不差，不差！我记起了，此是分房的蜂，原有两个王。咳！我真糊涂了。"说着，又向万尔脸上衣上细寻了一会。只见有一个下半身全黄的大蜂儿，这就是王了。王老儿轻施老手，将王取下，也丢入新房。这一下可就灵得很，万尔身上的蜂儿，立刻一五一十地飞入新房去了，片刻之间，干干净净。

万尔倒抽了一口气，他也吓得够了。不由得全身向后一仰，躺在草地上，只是喘息。南散跑了过来，手里还执着那本书没有放，也蹲了下来，问万尔道："你没有刺着一下么？你看这蜂儿都进了房了，没有走失一个。"万尔进着气力说道："没有。谢谢你，我好险呀！"说着，早流下两滴泪来。这两滴泪原是未曾出险之时，积在眶里的，不过那时怕极了，不曾流出，所以直留到现在。万尔一面伸手拭泪，一面又接着说道："我也知道，这么大一堆蜜蜂，欲刺起来，就要弄死人。"

南散从容答道："我也知道。我初见的时候，我浑身汗毛都竖起来，我虽安慰你，叫你不要动，我那刻儿不心里乱跳呢！……我想……这总是王老儿的不是，他不该叫你帮助。"万尔连忙念佛道："南散呀！你不要冤枉王老儿。说来也羞，你当初不见我那一定欲去的神气，你见了，也得放我去的。"南散点了点头。万尔又问道："噢，南散呀！怎么王老儿没有法想，你倒会知道呢？像你这样——"万尔说到此句，突然缩住了口。南散笑道："这样——什么呢？"万尔带几分惭愧说道："人家叫你书呆子的，却知道这些。"

南散哈哈大笑，拍着手里的书道："都在这书里。我今天下半天，刚看了养蜜蜂的一节论说。你唤我出来的时候，我正看到蜜蜂分房的法子。书中说着一段故事，恰恰和你今天所遇的一样。我若不是看了这书，我怎知救你的法子呢？"

万尔到了此时，更无别说，只有说个"是"字了。他满心的佩服，自不必说。从此以后，再不敢瞧不起书呆子了。每逢人家好笑书呆子的时候，他总正色劝他们别笑，将自己这一次的事情，说了一遍，被他劝转的人，也就不在少数。

一段麻

朱柏庐先生《治家格言》中，有四句道得最好。说是："一粥一饭，当思来处不易；半丝半缕，恒念物力维艰。"此等老实话，竟是颠扑不破的。但人若不亲自经历过，还不能把这两句话的意思，体会到十二分。在下今把罗家兄弟的故事，说与看官一听。看官听完了这段故事，方知朱先生的话，真是有味。

话说罗家两兄弟，大的唤做罗伦，小的唤做罗理，都长成得十一二岁了。他父亲罗先生在学校里当教员，平时教导儿子，颇觉认真。大概说来，罗伦、罗理两个，应该同时进步，可以称得一个半斤，一个八两，不分轻重。然课程虽然不分深浅，天资到底有个高下，年纪渐大，那小兄弟两个的脾气，便见得不同了。

罗伦的脾气，到处谨慎小心，别家的孩子，遇到游玩的时候，每觉拿腔做势，喧哗争闹。罗伦则常常镇静，不肯因为欲显自己的本领，便冒险乱做，却也非胆怯的一流人。

罗理天生是急性儿，与他哥哥的脾气，刚是相反。他人是极聪明的，什么事一学就会。但懂了一些儿，便又忙着找别事做了。冒险的事情，他也肯做；吃苦的事情，他也愿做；就怕的要用细工夫揩磨的事情。这是他们性情不同之处，也就是他们分个优劣之点。

看官须知做事没恒心，原是小孩子的普通脾气，不算什么。不过随他惯了，长大后便成轻浮躁率、不能忍耐之人。如此便一辈子没有大用了，做父母的须要留心。

按下闲话不提，且说罗家兄弟的故事。有一天，罗先生接到了邮政局里寄来的两个小包。两个包一般大小，都用又细又韧的麻绳捆好。里面包的，想来是书了。罗先生接了这两个包，匆匆出门，不及打开，见罗伦兄弟们没事，就吩咐将这包打开。

罗伦、罗理得了父亲这一句话，便来解这小包。罗伦将包上绳子的结，细看一回，寻出结头，慢慢解开，得了一条极好的细麻绳。心中好不欢喜，便把来卷作一团，藏在袋中，就跑到罗理那边，看他解得怎样了。

罗理原是火一般的性儿，他接到了包，恨不立刻就打开了，也不细看结头在哪里，是怎样的来踪去迹，便动起蛮力，乱扭乱扯，哪知越扭得狠，结头便越抽得紧，饶你用尽气力，休想动他分毫。罗理急了，撇下绳头，随手取了把剪刀，按住绳就要剪。

恰好罗伦跑了过来，见他想剪断绳子，连忙喊住道："这是一根细麻绳呀，又光洁，又坚韧，你剪了岂不可惜？"罗理听说，放下了剪刀，抬头向罗伦发怔，问道："你打开了么？好快！怎么我的解不开呢？想来你的刚巧好解。"

罗伦扑嗤地笑道："是一样的包，你用蛮力把绳抽紧了，自然不好解了。"说着上前一步，捧住包，将结细看一看，用手指去拨着，口里咕噜道："可怜，这结抽得和石子一般了，这是倒不好解了。"

罗理看得好不耐烦，提取剪刀，一面说道："绳虽然好，可也没有大用，怪不耐烦的，解他做甚！"一面手起剪落，毕剥毕剥，将绳剪做几截。罗伦急忙阻时，已来不及了，口里不住地可惜道："你太莽了！不然，我总得解开，你也可得了一根好绳。"说着，从口袋里取出那一卷绳子，给罗理看。

罗理见了，并不希罕这绳子，心里也不后悔自己粗心，白白剪了一条好绳子。只说道："这样的绳子，多得很呢。我去年也有一条，总没有用处，早给了人了。你当宝贝藏着，为什么呢？"罗伦由他说，仍旧将绳子藏入袋中，说道："你瞧着罢。"

过后几天，罗理早已把这事忘了。罗伦的绳子，却照旧藏在袋里，恰好他们母亲从街上回来，给了他们两个陀螺，罗伦和罗理各人得了一个，跑到草地上，正想玩，忽然想起没有绳子，玩不成。

罗伦不慌不忙，从口袋里扯出那根绳来，勾住了陀螺就抽，汪汪央央，好不中听。罗理看了，眼热极了，心想自己本来也有这么一根，可惜剪了。一面想，一面急急地找。哪知平时不用绳的时候，常见绳，如今要用到它了，偏不见了。罗理找了半天，只找到了一根旧棉绳，不胜欢喜。岂知棉绳不牢，抽了几抽，绷的一声，断为两段，险些把陀螺也跌破。

罗理再没有绳了，只好睁着眼看罗伦玩，等他玩得厌了，才借他的绳，自己玩了一会。没大趣儿，是可想而知了。罗理方才后悔不该将绳剪断。

过了几天，村里的儿童，有个比赛射箭的会。会射箭的儿童都可以去比，胜了便可得注大奖。罗伦罗理两个，射箭手段都算好的，自然欲去比一比。

两兄弟各人挑了张好弓，带了几枝箭，说说笑笑，到了比箭的场上。只见早有许多童子，齐集绿草地上，大榆树下，都带着弓箭；远远地立着一个靶子，白地子上，整整齐齐有三个红圈，一个红心。中间的圈儿最小，只有茶杯口大。圈边上端端正正钉着一枝箭。原来罗伦兄弟们迟到了些，在场的有一大半已射过了。比箭的一众人见罗伦二人来了，都喊道："好手来了，葛兰的第一名，有些不稳了！"葛兰便是射中小圈边上的人，他见余人都没有自己射得好，以为自己稳得锦标。今见来了对手，自然有些不高兴。但也没法，只盼二人快快射过三箭，箭箭不中，仍让自己得了头名。

葛兰一面这么想，一面迎着罗伦兄弟说道："罗伦，你们来了么，快来射罢。你看，这中在第三圈的，就只我一个，别人的箭，都飞到靶子外去了。我想不见得有人赢得我了，看你们罢。"

罗伦兄弟到得树下，恰好众人都射完。罗理便抽箭先射，他先立定双足，看准红心，拉满弓，"飕"的一箭射去，不前不后，恰好也中第三圈的边儿。众人齐声喝一声好，葛兰却暗暗地捏一把汗。

罗理满心欢喜，抽第二枝箭，喊道："大家看我成功，不要多，只要再进一寸！"说着将箭上弦，正待瞄准，葛兰忽止住他道："且慢！"罗理收下弓箭，便问何事？葛兰道："我忘将比赛规矩，告诉你了。"罗理道："有什么新规矩呢？每人只射三箭，是不是呵？"葛兰道："这也是。还有一条，就是各人只准用自己的弓，自己的箭，你不能向人借，人也不能借给你。"

罗理道："晓得！"将箭上弦，照定红心，觑得更亲切些，将弦向后拽满，正待发箭，忽听得"拍"的一声，弓弦裂为两段，箭也掉在地上。两旁的人，不期地同声惊呼。罗理气极了，把弓向地上一掷。葛兰好不得意，笑道："罗理，你完了，这是你运气不好。"

现在轮着罗伦来射了。葛兰冷眼瞧着，心想："就只他一人了，不见得定能胜我，那头奖有八分是我的了。"葛兰正这么想，罗伦早射过第一箭，这箭从靶子左边飞过，离靶还有二尺远呢。葛兰看了，口虽不言，心里越发得意。

罗伦见第一箭射得太野了，不慌不忙，射第二箭：把定了心，照准红圈，飕的一声，只见箭去如流星一般，早中在靶子中心。众人都喊道："中了！中了！"罗伦不见得怎样喜，葛兰却见得万分急。忙赶到靶子前去看，原来那箭也射在第三圈上，没中红心，不过比葛兰的略进了一二分罢了，算不得赢。

葛兰说声："惭愧！"忙跑回来对罗伦说道："这要看你第三

箭怎样了，赢得便罢，赢不得，我们两人还欲决赛呢。"罗伦点了点头，抽第三枝箭，便想射。

看官，罗伦这一箭关系非轻。万一射得不好，只有同葛兰再比，再比时可就说不定谁胜谁败了。葛兰本是好箭手，也许竟中红心。若中了红心，饶你罗伦再强些，也没法了。旁观的人，因此都很替罗伦担心。罗伦自己，倒不觉得忙，还是镇静得很。

他先将弓虚拉一拉，试试那根弦是否靠得住。果然刚一撒手，豁拉一声，那弦应手而断，旁观的都叫起来。葛兰更叫得响，乐得手舞足蹈。正想笑着对罗伦说，忽见罗伦从袋中抽出一根极细极韧的麻绳来，不觉大骇，再要笑也笑不出了。

罗理一见那根绳，跳起来直嚷道："哦！哦！这是第二次用着它了。咳！你竟带着它走！"罗伦笑嘻嘻将旧弦取下，换上新绳。一面换，一面说道："我今天早起，就把它放在袋里，生恐有什么用，如今果然用着了。"说着，把绳换好，拉开来试一试弓力，只听得铿铿的声音。

罗伦立刻抽第三枝箭，搭上弦，左手紧握弓背，右手拉弓开足，一箭射去，正中红心。春雷也似的喝彩，接连而起。罗理只欢喜得跳道："这是那条麻线的第二次大功了，好了，葛兰可没得什么争了。"葛兰的扫兴，自不必说。可是罗理的欢喜，也带几分自恨自悔的意思。

罗伦得了锦标，和罗理欢欢喜喜回去，不在话下。当天晚上，罗先生也回家了。饭后谈起比箭的事情，罗理对罗伦说道："你怎么这样运气好呢？得了那条绳子，偏偏有用，帮你成功。"言下若不胜羡慕。罗伦只微笑着。罗先生听了，对罗理道："你本来也有运气得一模一样的一条好绳，可惜你性急，把它剪了。好孩子，记好了这两句话罢：平时丢了，要时可没有了。"罗理唯唯，从此真个记了。

罗夫人又道："射箭是要细心不忙，才胜得来。你哥哥的第三箭，若心慌了些，怕也不能中了。照你这样性急，就给两条弦，也不定就能胜罢。你这躁性儿，也得改改。"罗理唯唯答应，从此也肯真心改过了。

这篇童话，到此已完。看官们若问罗伦、罗理后来怎样，在下不说了，让看官去想罢。